発達が気になる子のサポート入門

―発達障害はオリジナル発達

阿部利彦

学研新書
073

はじめに　—オリジナル発達の子どもたち

保護者の方々にとって、人生でできれば出会いたくない職種って何でしょうか？

私は、自分の仕事である「相談員」がその一つだと思っています。現実の世界にはドラえもんに出てくる優等生の「デキスギ君」みたいにパーフェクトな子どもはまずいません。子どもですから、親の言いつけが守れなかったり、元気がよすぎたり、苦手な勉強があったり、ということはあるでしょう。そういう多少の気になることがあっても、できれば相談機関の世話になどならず、家庭と学校とでなんとか見守ってあげながら、子どもにはすくすく育ってほしい、そう保護者は願っているのです。

なにごともなく生活していたら、もしかしたら出会わなくてもいいであろう相談員に毎週予約をとり、相談センターに通う。そして自分の子育てを赤の他人である相談員と話し合っていくというのは、現在の日本においては、まだ自然なことではありません。

相談の予約を入れるために初めて電話をかけるということが、お母さんにとっていかに大変なことか、いかに勇気のいることであるか、私はいつもそれを実感しています。

私は相談員の仕事に就いてそろそろ20年が経ちますが、大学で学んでいた頃は、相談というものは「ぜひ相談したい」というクライアントが意欲的に来てくれるものであり、その希望に一生懸命応えるのが相談員の仕事なのだと、そう思い込んでいました。でも実際には、保護者の方は迷いに迷い、悩んで悩みぬいた末に、仕方なく相談の予約を入れる、という場合がほとんどなのです。なかには、あまり乗り気ではないのに、学校に何度もすすめられ、しぶしぶ相談に来てくださっている方もたくさんおられます。

とくに本書でとりあげる発達障害のあるお子さんの場合、就学前や家庭内ではあまり問題がなく、小学校生活がスタートしてはじめて「この子は落ち着きがない」「人の話が聞けない」などと先生に言われ、相談に行かされるというケースも決してめずらしくありません。

また、たとえ予約を入れられたとしても、当日なんの連絡もなくいらっしゃらないお母さんもおられます。あるいは、初回はお母さんお一人で来られて、次回からはお子さんと一緒に来所してくださることになっていたのに、当日になって「急用ができて…」と電話がかかってくることも。私が「よかったら、日を改めましょうか?」と申し上げると「ちょっと…」と口ごもります。「じゃあ、いつでもお電話くださいね。お待ちしています」と、私は申し上げて電話を置くのですが、たぶんこのお母さんはもう電話してきてはくれないだろうな、という思いが胸をよぎります。

予約はしたものの「うちの子に問題なんてない」と思い直し、相談に行かない決意をするお母さん、あるいは「相談に行こうと思うんだけど」というお母さんに「オレの子が病気なわけないだろう! そんなとこに行くのは許さん!」と怒鳴りつけるお父さん。なかには、「どんなやつに相談するのか、オレが見てきてやる」と相談室にやってきた第一声が「あんた、どこの大学出てるの?」だったお父さんもおられました。

新米相談員の頃の私は、「こんなはずじゃなかった。保護者と力を合わせて問題に向き合っていけると思っていたのに」と、思い描いていた相談とのあまりのギャップに悩み、いつやめようか、いつやめようかと思いつめる毎日でした。

それでも、なかにはこんなふがいない私でも信頼してくださり、毎週相談室に来てくださる熱心な親子が何組かいてくれました。「この子が学校に行けるようになったら辞めよう」「このお母さんがほっとできる日が来たら」と思っているうちに、いつの間にか何年かが過ぎていました。そんな親子に支えていただいたおかげで、仕事を続けてこられたことにとても感謝しています。

自分が父親となった今では、わが子のことを他人に相談するかどうか悩む保護者の気持ちが十分理解できます。予約を入れてくれたけれど結局お会いすることができなかったお母さん方には、私のところに来なくてもお子さんがよりよい学校生活を送れますように、あるいは私以外の素晴らしい支援者に出会って道が開けますように、とひそかにエールを送りたい気持ちです。

ただ、もし相談に来てくださっていたら、お伝えしたいことがありました。それは、「発達障害のある子」が「ダメな子」や「悪い子」などでは決してないことを。「こんなにかわいいこの子が発達障害なわけがない」とおっしゃったお父さんもいましたが、そう、「発達障害がある子には、すてきな子、チャーミングな子がたくさんいますよ！」と、私は伝えたかったのです。

健康に育っている子を「健常児」と一般的には呼びます。しかし私は、いわゆる健常児を、典型的な発達を遂げている子ととらえ「典型的発達の子」と、そしていわゆる発達障害のある子を「オリジナル発達の子」と、そう呼びたいと思います。

オリジナル発達の子というのは、べつに発達障害の診断がある子だけを指しているのではなく、学校の中でちょっと気になる子、細やかな気配りが必要な子も含みます。そして、オリジナル発達の子はみんなそれぞれユニークな個性の持ち主で、かかわっている私たちに元気をくれます。

私は、そんなすてきな面を持つオリジナル発達の子どもたちや成人の方々、そして彼らを懸命に支えてくださっている保護者や支援者の方々との多くの出会いから、本当にたくさんのことを吸収し、学ばせていただきました。そのおかげで、ほんの少しではありますが、自分でも人として成長させていただいた気がしています。

しかし、オリジナル発達の子どもたちは、そのオリジナルさゆえに、とくに典型的発達の子どもたちが多くを占める「学校」での生活において、典型的発達の子どもたちとは異なる点が際立ってしまい、つらさ、生きにくさをいっぱい抱えてしまうことになります。それこそが、発達障害のある子どもたちの厳しくて大きな課題なのです。

　そして、そのつらさ、生きにくさがまわりから見過ごされてしまうと、とても悲しいことですが、失敗体験や自己否定感を重ねるうちに、それまでのその子の輝きを失ってしまうことがあるのです。私は、それが切なくてなりません。

　駆け出しの頃は、私が今のような仕事をすることになろうとは想像もしていませんでした。しかし、出会いを重ねる中で、発達障害のある子に少しでも輝きをとりもどせたら、保護者や支援者の方々の少しでもお役に立つことができたら、と模索しているうち、気がつけば、この「特別支援教育」という世界にすっかり入り込んでいました。

　私は今、日々学校現場を回って、学校でうまくいかないことのある子どもたち、そしてその子たちの指導に悩んでおられる先生方にお会いしています。保護者の方の相談を受けることもあります。子ども、保護者、学校、あるいは相談機関の間に立ち、いろいろな調整をして、子どもたちが学校でいきいき輝けるよう働かさせていただいています。最近では日本のいろいろな場所から呼んでいただけるようになり、教員の皆さんへの研修、親御さんや一般の方々への講演などをさせていただくことも多く、各地の特別支援教育の現状も垣間見させていただいています。

平成19年4月から、学校現場において「特別支援教育」が本格的にスタートを切り、従来の特殊教育の対象者だけでなく、LD（学習障害）、ADHD（注意欠陥多動性障害）、高機能自閉症とされる子どもたちに対しても、支援の取り組みが行われ始めました。今では、LD、ADHD、高機能自閉症といった言葉の認知度はきわめて高くなり、全国の各小・中学校に「校内委員会」が設置され、「特別支援教育コーディネーター」が指名され、学校によっては支援員を配置する取り組みも行われています。熱心に勉強をされている先生や、積極的に研修を行う学校や自治体も増えています。

しかしまだまだ、これらの取り組みは始まったばかり、決して道のりは平坦なものではありません、問題も山積しているのが実情なのです。

本書は、「うちの子は発達障害なのだろうか？」「この子の気になる行動を、どうとらえたらいいのか？」「どのようにかかわったらいいのか？」といった悩みを持っていらっしゃる大人のための、「発達障害とのはじめての出会い」の本です。今までの出会いへの感謝の気持ちを込めて、そして新たなよき出会いを願って書いたつもりです。

皆さんと一緒に、発達障害～オリジナル発達の子の持ち味をどうやって見つけていくか、彼ら彼女たちの本来持っている力を引き出す工夫や、その子独自の豊かさを広げていくためのかかわり方などについて考えていきたいと思います。また、通常の学級で困っている子どもたちを取り巻く学校の現状や、通常の学級での特別支援教育についてもみていきたいと思います。

発達障害といっても、一人ひとり違った、そして豊かな個性を持つ子どもたちです。そんな子どもたちそれぞれの「オリジナルな発達」を応援するための出発点として、本書がお役に立てたなら幸いです。

平成22年3月　　阿部利彦

発達が気になる子のサポート入門◎目次

第2章　子どもたちについて知ろう――43

第3章　子どものほめ方、しかり方、はげまし方――73

※本書で紹介したエピソードは、必要な範囲で手を加えています。

第1章

「発達障害」とは?

私たちは「発達障害」とは縁遠いのでしょうか?

皆さんは「発達障害」と聞いてどんなイメージを持たれるでしょうか?「私のまわりにはいないけど」「まあ知識として、常識として知っておきたい」「かわいそうな人たちだ」「助けが必要だ」などなど。「発達障害って、大きくなったら治るんですか?」という質問もよくいただきます。

では、ここで質問。

Q. この3人の共通点は何でしょう?(有名人という答えはナシですよ)

①トム・クルーズさん(ハリウッド映画に多く出演している有名俳優)
②キーラ・ナイトレイさん(女優。映画「パイレーツ・オブ・カリビアン」のヒロイン)
③マイケル・フェルプスさん(オリンピック水泳金メダリスト)

答えは、「『発達障害』のある人たち」です。

トム・クルーズさんとキーラ・ナイトレイさんはＬＤ（学習障害）、マイケル・フェルプスさんはＡＤＨＤ（注意欠陥多動性障害）という発達障害があります。

「だけど、こんなに活躍しているんだから、きっと障害はもう治ったに違いない」、そう考える方も多いのではないでしょうか。ところが彼らは確かに、世界的に活躍していますが、その障害をすべて克服したわけではないのです。彼らのことについては後でもう少し触れることにしますが、発達障害は完全に克服するものではなく、その課題となんとか折り合いをつけながら生きていく必要があるものなのです。大人になったら、あるいは治療や訓練をすれば完全によくなる、というものではありません。

では、第２問です。

Q．通常の学級で、特別な支援を必要としている小学生・中学生の割合は？

①70人に一人

②33人に一人
③16人に一人

文部科学省が2002年に行った調査によると、通常の学級にいる子どもの16人に一人、6・3%に、なんらかの専門的な、あるいは個別の配慮が必要という結果が出ています。

したがって、Qの答えは、③の「16人に一人」です。

配慮が必要な子＝発達障害のある子というわけではありませんが、なんらかの細やかな支援が必要な子は、クラスに2〜3人はいることになります。そうなると、通常の学級でなんらかの特別な配慮をすることは果たして特別なことなのだろうか、と思われる向きもあるでしょう。

トム・クルーズさんは発達障害だ、そして通常の学級には2〜3人も支援の必要な子がいる、と言われてもピンと来ない方や、「じゃ発達障害っていったい何?」と混乱される方がいても不思議ではありません。

では、発達障害のある人というのは、たとえばどのような生活をされているのでしょうか。まずは、私が駆け出しの頃に出会ったお二人の男性のことを、皆さんにお伝えしてみたいと思います。

発達障害のある人々との出会い　〜心のストライクゾーンを広げて

ヒビノさんのケース

ヒビノさんは、点字ブロックの上を歩くことができませんでした。

大学院の卒業を控えた私が、その頃あこがれていたのは子どもたちの相談にたずさわる教育相談員の仕事でした。大学の同期はどんどん採用が決まっているというのに、私は受けても受けても不採用で、そのうち「オレには向いてない」「心理の仕事は無理なんだ」とあせり、追い詰められていきました。

そんな私に「障害者職業センターというところで非常勤の募集があるみたいだよ」と教えてくれたのは、院の同期生でした。当時カウンセリングや箱庭療法は勉強していたものの、障害を持つ方の支援、ましてや就労などまったく不勉強でしたが、とにかく実践の場所に出ていろいろな方から学びたいと思っていた私は、職業センターの門を叩きました。当時の無知な私をあたたかく迎えてくれたセンターの皆さまに支えられて、私はそこで2年間勤務することになりました。そしてさまざまな障害をお持ちの方と一緒に、スポーツ新聞の仕分けや、クリーニング屋さん、お花屋さん、食品工場、ほうろう工場など、いろいろな事業所で共に汗を流して働く、という就労支援のお仕事をさせていただきました。

さてここで再び質問です。

Q.「自閉症」のある人は、必ず知的な遅れを伴う？

①はい
②いいえ

さまざまな障害をお持ちの方の就労をお手伝いさせていただいていた私は、ある日ヒビノさんという20代の男性を担当してほしい、と声をかけられました。その方は、某有名私立大学を卒業している自閉症の男性、ということでした。

本当にお恥ずかしい話なのですが、その頃「自閉症」という言葉を聞くと「知的な遅れを伴う」と思い込んでいた私には「私より高学歴を持つ自閉症の方」というイメージがまったくピンとこなかったのです。

ヒビノさんは、「高機能自閉症」いう診断を受けていました。

高機能自閉症とは、3歳位までに現れ、

①他人との社会的関係の形成の困難さ

②言葉の遅れ

③興味や関心が狭く特定のものにこだわる

を特徴とする行動の障害である。自閉症のうち、知的発達に遅れを伴わないものをいう。また、中枢神経系になんらかの要因による機能不全があると推定される。

「今後の特別支援教育の在り方について」(最終報告)

特別支援教育の在り方に関する調査研究協力者会議、2003

したがって、Qの答えは②の「いいえ」でした。

さて、そのヒビノさんですが、職業センターに初めていらしたときから、とても印象深い方でした。予定の時間になっても受付にいらっしゃらないので、どうしたのかなと思っていると、どうもヒビノさんらしい人が入り口のあたりをウロウロしています。声をかけようかと迷いながら見ていますと、ちょうど外回りから戻ってきた同僚が声をかけてくれたので、ようやく彼はセンターの中に入ることができました。

その後、待合室で必要な書類を書いてもらうことになりましたが、しばらくするとまた室内をウロウロし始めました。そこで私が声をかけると、そっぽを向いた感じの顔をしながら、ささやくような声で「印鑑」とつぶやいたのです。その書類には判を押す必要があるのですが、彼は朱肉を持っておらず、困っていたのでした。しかし、自分から受付に行き「朱肉貸してくださいませんか?」と言うことができずにいたのです。

さらに言うと、ヒビノさんはコンピューターに詳しく、難しい専門用語はたくさん知っていたのですが、どうも「朱肉」という言葉は知らなかったようでした。

このようにヒビノさんにはいろいろな特徴がありました。たとえば、前述のように専門的な知識はあるけれど意外と日常的な言葉を知っていないこと、初めての場所や人がとても苦手であること、しかしながら一度スイッチが入ると自分の話したい内容を相手に一方的に話し続けること、相手の気持ちを理解することが苦手であること、などなど。

彼は大学卒業後に、システムエンジニア志望で一度コンピューター会社に就職したものの、営業部に回されてしまうことになり、そこで営業の仕事だけでなく会社の人間関係もいろいろうまくいかず、半年で会社を辞めてしまったのでした。

営業の仕事では、対人関係能力というものがとても必要になります。相手にうまく合わせたり、場の空気を読んだり、ときにはお世辞の一つも必要なことでしょう。しかし彼は、営業先で相手から聞かれた質問に答えることもせず、ただ自分の話したいことを気持ちよく語り続けていたそうです。

また、職場で必要とされるスキルの一つに「わからないことがあったら上司や先輩に確認する」ということがあります。しかし、彼は「わかりません」「教えてください」と言うのがとても苦手です。職業センターでの訓練中でも「ここどうやったらいいんですか?」とか「貸してくれませんか?」と言えずに固まってしまったり、その場をウロウロしたり、ときには自分の判断で勝手にやって間違えてしまうこともありました。センターは訓練の場なので許されますが、もし実際の就労先で勝手なことをすれば、その会社に損害を与えてしまう可能性が非常に高いのです。

よく「ホウレンソウ（報告、連絡、相談）が大切」、といわれますが、ヒビノさんはそこが一番難しい課題でした。

そしてもう一つ、ヒビノさんが特徴的だったのは、感覚が大変デリケートであったことです。ある日、大きな施設で障害者向けの就職相談会がありました。私はヒビノさんと共に、地下鉄でその会場に向かったのですが、突然、彼がそばからいなくなってしまいました。焦った私があたりを見回すと、彼はかなり遠くの方にポッンと立ちつくしていたのです。急いで彼のところに戻り事情を聞いてみると、「わ、わたしは、その、て、点字ブロックの上は歩けません」と、非常にうろたえた様子。どうしてなのかたずねると「点字ブロックは、なんだか虫を踏んでいるようで気持ちが悪い」とのことで、きわめて不快なのだそうです。またヒビノさんは、コーラのような炭酸飲料もとても苦手で、これまた「口の中にたくさん虫がいるようだから」だそうです。

このような感覚の特別なデリケートさは、自閉症の方に多く見られ、「感覚過敏」と呼ばれています。

そんなヒビノさんに続き、私にさらなる出会いが待っていました。

ジングウジさんのケース

ジングウジさんにとって、花はすべて「パンジー」に見えました。

ヒビノさんの担当の後しばらくして、やはり有名私立大学を出たばかりのジングウジさんの就労支援をすることになりました。彼は、外見はとても子どもっぽい感じなのに、とにかくしゃべり方に特徴がありました。言葉遣いがしごくていねいなのですが、まるでアナウンサーのようで、あまりにていねいすぎてとても距離を感じてしまいます。それだけならまだしも、ときおり時代劇のセリフのように芝居がかってしゃべりだすので、まわりがひいてしまう感じなのです。

彼もまた、「当たり前のこと」の理解に課題がありました。ジングウジさんの趣味は、「クレジットカード集め」でした。クレジットカードを集める、といっても、彼にとってはポケモンカードや遊戯王カードを集めるような感覚で、カードのデザインに興味があるだけで、その機能には関心がありませんでした。ですから、大学時代に友だちにクレジットカードを見せて自慢していたところ、ある飲み会で「このカードを使うと、ここの支払いが全部タダになるんだぜ」と、騙されて支払いをしてしまったことすらありました。

「当たり前のことを知らない」ことで付け加えますと、たとえば町でもらった広告に「ここに電話してください」と電話番号が書いてあると、怪しいところにでもすぐに電話してしまうのです。「どうして電話するんですか?」と聞くと、「電話してくださいって書いてあるものですから」とジングウジさんは答えるのでした。

さて、ジングウジさんは家族の紹介でお花屋さんに就職することになりました。ここでさらに彼の課題が、大きくクローズアップされたのです。

お花屋さんでは、まず接客で課題が出てしまいました。「いらっしゃいませ」というひと言も、彼が言うとなぜか大岡越前のようになってしまい、どうしても堅苦しい雰囲気になって、お客さんがびっくりしてしまうのでした。

さらに、お花屋さんというのは大変臨機応変さを必要とする仕事で、水やりにしてもリースなどをつくるときでも「感覚」が大切になります。しかし彼は「だいたい」とか「こんな感じ」というニュアンスが理解できませんでした。職場の先輩のアドバイスに対して「こんなイメージで、とおっしゃるのは、具体的にはどうするのでしょうか?」と聞き返す彼の気持ちも、確かに分かる気はするのですが…。

　花に水をあげる作業も、天気や土の状態、花の様子を見て調整するため、彼にとっては、とても難しいものでした。花束やリース用のリボンをカットする作業については「だいたい」ではなく、「何センチ」と長さを決めてひたすらカットするようにしたところ、これはうまくこなすことができました。

　そんなジングウジさんが最も苦労したことというのは、「花の区別がつかない」ということでした。なぜか「パンジー」だけは覚えられたものの、他の花も、バラだろうがゆりだろうがみんな「パンジー」になってしまいます。カードや電車、車などの情報はたくさん入るのですが、花の種類を識別することは、彼にはきわめて困難だったのです。

　ヒビノさんも、ジングウジさんも、現代まれにみるほどの、ピュアでまじめな方々でした。そして、彼らの物の見方やとらえ方には私の想像もつかない様々な視点があり、私にとっては「こういう考え方もあるのか」「なるほど」と勉強になることばかりで、お二人と過ごす時間はとても貴重なものでした。物事を「こうあるべき」とか「当たり前」として見るのではなく、「ちょっと自分の心の幅を広げて物事をとらえる」こと、つまり「心のストライクゾーンを広げる」視点を彼らから学びました。

と同時に、彼らの傍らにいると、今の社会はとても生きにくいだろうな、と十分察せられました。彼らがつまずいている一つひとつのエピソードは、世間から見ればたいしたことはないのかもしれませんが、それらの特徴をいくつも重ね合わせて持っていると、ご本人たちにとっては社会生活が大変苦しい毎日なのです。

就労支援から教育相談の世界へ　～特別支援教育への入り口

「ボクはすべてみんなより劣っています。いいところなんて一つもありませんよ」

私が相談の中で出会った人、ハヤタくんが自分のことをこう表現したのでした。

職業センターから数年後、私はやっと念願の教育相談員の仕事に就くことができ、学校現場に支援の場を移したのでした。学校生活の中でつらさや生きにくさを感じて不登校になったり、授業や集団活動にうまく参加できずに問題行動を示したり、といった子どもたちやその保護者の方の相談をお受けするのが仕事でした。相談に来るような子、というと皆さんは「あきらかに何か問題がありそうな」「かかわりを持つのが難しそうな」子ども、というイメージがあるかもしれません。でも私が出会った子どもたちは、みな魅力的で、味のある、すてきな子どもたちでした。

一人ひとり、個性豊かでチャーミングな子どもたちなのに、私のところに相談に来るときには、たいてい「どうせオレなんか」「私なんてダメ人間だから」などと口にします。私はその言葉が残念でたまりません。どうして、そんなに自分を否定的にとらえてしまうのだろうか、もったいない、と思いはじめたのです。

その中の一人が、冒頭のハヤタくんです。当時中学2年生の彼は、第2子、待望の長男として生まれました。小さい頃はいつもニコニコしてとても明るい子だったそうです。就学前はお母さんもとくに気になることはありませんでしたが、親戚のおうちに遊びに行ったり、近所のスーパーに出かけたりすると、迷子になってしまうことがよくありました。

小学校に入ると、集団生活でつまずくことが次第に多くなってきました。先生の話を集中して聞けない、授業中立ち歩く、手いたずらをする。ときにはそうじ中にほうきを振り回してふざけて、そのほうきが他の子に当たってトラブルになることもありました。勝ち負けにはとにかくこだわり、自分のチームが負けそうになると興奮して大騒ぎをすることがありました。

こうしてしょっちゅう学校から電話が来るようになり、ハヤタくんが小学校3年生になると「うちの子は他の子とちょっと違うのではないか?」とお母さんは考えるようになりました。けれども、お父さんに相談すると「男の子はこんなもんだよ」「おれも昔は苦労した」と言うので、「きっと大丈夫」「大きくなったら変わってくる」と信じるようにしていました。

中学校1年生の個人面談のときでした。担任の先生から「ハヤタくんは落ち着きがない」「かなりだらしない」と指摘され、教育相談センターに行ってみてはどうか、とすすめられました。お父さんやおばあちゃんには「そんなところに相談に行く必要はない。もう少し様子を見ては」と言われたのですが、担任の先生の強いすすめもあって、教育相談センターに来所しました。センターでは、お母さんをベテランの女性カウンセラーが、ハヤタくんを私が担当し、それぞれ別の部屋に分かれて相談をしていきました。

お母さんが教育センターの話をすると、最初は「嫌だなあ。そんなところ行きたくないよ」と言っていたハヤタくんでしたが、ありがたいことに毎週相談室に通ってくれ、学校の悩みなどを私にいろいろと話してくれるようになったのです。

その相談室では、子どもに対してはプレイセラピーを中心に行っており、プラレール、卓球、ボードゲームなどでひたすら遊び、その遊びを心理学的に解釈する、ということが当たり前でした。子どもの自然な治癒力を引き出す、というのがベースだった気がします。

しかし、私は、就労支援を行ったときの経験から、その子の中から力を引き出すことだけでなく、生活スキルや学習スキル、対人関係のスキルを養うことが必要なのでは、と考えるようになっていました。今でこそソーシャルスキルトレーニングは当たり前のように聞かれますが、当時相談員たちの間では「相談に来た子どもを訓練するなんてかわいそうだ」という考えが強く、私は異端の存在でした。

＊ソーシャルスキルトレーニング（SST）とは、対人関係でつまずきがある人に対して、他者との適切な関わり方を教え、集団での生活をより豊かにするためのトレーニング。

私がそこの相談員たちとずれていたもう一つの点は、相談室でカウンセリングをするだけではなく、ハヤタくんが実際に困難を感じている学校現場に相談員がアプローチしていく必要がある、と訴えたことでした。就労現場では「環境とのマッチング」で支援を考えることが重要だと教えられてきました。つまり、いくら職業センターなどで訓練をしても、それだけでは足らず、その人が実際に働いている場所に出向き、状況を把握し、就労先と話し合いながら、職場をより働きやすい環境に調整する、というのが私たちの仕事の鉄則だったのです。

ですから教育的な支援においても、その子だけを取り出してトレーニングするだけではなく、その子が生活している場所である学校に直接アプローチし、人的・物的環境を整える、という発想を私は大事にしていきました。

教育相談の先輩たちは、「学校にその子の状態を理解してもらい、支援協力を要請する」という私の発想に否定的で、「クライアントとの信頼関係に悪影響がある」「子どもの情報を学校にもらすのか」と批判されることがあり、かなり悩みました。

しばらくして、母親担当の相談員から病院をすすめられたお母さんは、ハヤタくんを連れて何回か病院に通ってくださいました。そしてその病院からハヤタくんはＡＤＨＤの診断を受けました。

ＡＤＨＤとは、年齢あるいは発達に不釣合いな注意力、及び／または衝動性、多動性を特徴とする行動の障害で、社会的な活動や学業の機能に支障をきたすものである。

また、7歳以前に現れ、その状態が継続し、中枢神経系になんらかの要因による機能不全があると推定される。

「今後の特別支援教育の在り方について」（最終報告）

特別支援教育の在り方に関する調査研究協力者会議、2003

ハヤタくんは「意欲がない」のでも、「努力が足りない」のでも、「困っていない」のでもない、彼なりに「このままではいけない」「しっかりしなきゃ」「変わりたい」と考えて悩んでいたのでした。そのことを学校の先生に知ってもらいたい、そういう思いから、私は彼の学校に足を運ぶようになっていました。

近年では、学校においても発達障害への理解は深まり、特別支援教育の推進は著しいものがありますが、当時の先生方は「ＡＤＨＤ」「高機能自閉症」などという言葉すら聞いたこともありませんでした。先生方の持つ「障害」のイメージとはかけ離れていたハヤタくんと「障害」とを結びつけることは相当難しかったと思います。

またハヤタくんの在籍する通常の学級では、他に30人以上の生徒たちがいて、ハヤタくんだけに特別に配慮できない、というのが先生方の意見でした。若造だった私は、生活指導の先生から「そんな特別なことなんてできるわけない」「学校を知らないからそんなことが言えるんだ」と強く叱責されました。

その学校は、日に20枚もガラスが割れたり、トイレが壊されたりと事件が多発し、生徒指導に先生方が疲れきっていて、ハヤタくんのことまではとても手がまわらない状況だったということを私が知ったのは、ずっと後のことでした。

今でも、中学校における特別支援教育を見てみると、学校が落ち着いていて生徒指導上の問題があまりない学校では先生方にも余裕があり、発達障害のある子や心に課題を抱えている子、不登校の子にまで配慮がいきとどいている、というのが現状です。

もし、相談室だけで面接を続けていたら、現場の先生方のこういうご苦労や特別な支援教育を行うことの難しさに私は気づくことができなかったかもしれません。もちろん、このような学校の現状のまっただなかで、配慮の手を差し伸べてもらえないハヤタくんの大変さにも。

見えない障害と歩む

「ウチは3年生になって、わすれものをがんばりたい。あとはノートはたいへんだけどがんばりたい。それから、うんどう会もたいへんだけどがんばりたい」

相談室には次々と申し込みが入るようになってきました。日に6～7人のお子さんの相談を続けていましたが、そんな中でまた新しい出会いがありました。

アンナさんは小学校3年生、体が小さくてまだ1年生くらいにしか見えない、おっとりした印象の女の子で、自分のことを「ウチ」と呼ぶのが印象的でした。見かけによらず口は達者でいろんなことをよく知っていて、いつも大人顔負けのお話をしてくれます。得意な教科は算数で、学年でも上位に入るほどです。しかし彼女は、えんぴつや消しゴムをよくなくす、机の中の整理が苦手、板書をノートや連絡帳にうまく写せない、糊づけができない、などの多くの課題を持っていました。

そんな彼女が3年生になって立てた誓いが、冒頭の言葉です。忘れものをしないこと、ノートや連絡帳をしっかり書くこと、体育が苦手で運動会もイヤだけどがんばること。誰かに言われたわけではないけれど、自分で「がんばらなくちゃ」と決意したようです。しかしその頃からでしょうか、爪をかんだり、自分の髪の毛を抜いてしまったり、朝おなかが痛くなってしまったりするようになりました。

そして、彼女は他にもがんばらないといけないことがありました。

「しゅくだいせっかくやったのに、どうして先生に出すのやらないんだろう。わすれちゃいけない」

字を書くのが苦手なアンナさんにとって宿題はとても大変なことで、お母さんが家事もそっちのけにつきっきりで教えても夜遅くまでかかってしまう毎日でした。そんなに一生懸命やった宿題なのに、いざ提出しようとランドセルを開けるとなぜか宿題が入っていない、あるいは、係が宿題を集めている時間に、ぼーっとしていて提出しそこなってしまうのです。

「かん字は0てんばっかり。きらい。なんとか5もんくらいできないかな」

とくに苦手なのが漢字です。おうちでお母さんと覚えたはずの漢字でも、テストになると思い出せない、点などをうっかりつけ忘れる、へんとつくりを逆にしてしまう、そんなことの繰り返しでした。

実は、アンナさんにはLD（学習障害）の特徴があったのです。

Q．LD（学習障害）は、読み、書き、計算などの学習全般につまずきがある？

①はい
②いいえ

学習障害とは、基本的には全般的な知的発達に遅れはないが、
　読む、聞く、書く、話す、計算する、推論する
能力のうち特定のものの習得と使用に著しい困難を示す様々な状態を指すものである。

学習障害は、その原因として、中枢神経系になんらかの機能障害があると推定されるが、視覚障害、聴覚障害、知的障害、情緒障害などの障害や、環境的な要因が直接の原因となるものではない。

「学習障害児に対する指導について」（報告）
学習障害及びこれに類似する学習上の困難を有する児童生徒の指導方法に関する調査協力者会議、１９９９

ですから、Ｑの答えは、②いいえ、です。

アンナさんは物知りだし、自分の意見もはっきり言えるし、計算も得意ですが、なぜか漢字を書くことが苦手です。ですから、漢字だけが苦手なのは、本人の努力不足だと考えられていました。お母さんも先生も、「練習が足りない」「もう少し真剣にやりなさい」と注意していました。

ＬＤは「見えない障害」とも呼ばれていて、大変見過ごされやすい障害なのです。
アンナさんがＬＤだと知ったご家族と先生は、「努力不足だ」「もっとしっかりやりなさい」と言うことをやめました。そして、細かい字を書くのが苦手なアンナさんのために、大きめのマスの漢字ノートに変えて書きやすくする、宿題の量を少なめに調節する、などの配慮をすることになりました。

すると、アンナさんの気持ちが安定してきたのか、爪かみや自分の髪の毛を抜くことが減ってきたのです。やがて、3年生になってから見られなかったような笑顔も戻ってきたのでした。

発達障害のある子と共に学び、共に育つために

さて、LD（学習障害）は「ラーニング・ディスアビリティー」の略なのですが、最近では、「ラーニング・ディファレンス」と言い換えることができるといわれています。つまり、学習の障害としてではなく、「学び方が異なる」子ととらえるのです。

この発想は、私の考える特別支援教育の大切な出発点です。LDやADHD、高機能自閉症などの診断は、彼らをラベリングし、分けるためにあるのではなく、その子の発達的な特性を知り、その子のつらさや生きにくさを理解するヒントと考えるべきものだと私は思うからです。その子を取り巻く家庭や学校や地域、そして支援者が適切に応援する方法

を模索する手助けにすべきものではないでしょうか。

それに、同じ「高機能自閉症」という診断名を持つ子であっても、一人ひとりみな違うのです。ですから、発達障害とはこういう子である、という決めつけをしないことも重要です。診断名というものはあくまで、その子を感じ、さりげなくサポートするための「はじまり」に過ぎないのです。

発達障害のある子どもたちと出会うとき、私たちは新しい発見をし、これまでの「見方」や「生き方」さえも広げてくれる素晴らしい経験にすることができます。

彼らを知ることで、共に学び、共に育ち、共に高めあえる、そして、あなた自身も新しい自分に出会えるかもしれないのです。

第2章

子どもたちについて知ろう

まず、自分の特徴について考えてみましょう

さて本章では、まず皆さんご自身の特徴に少し目を向けてみていただきたいと思います。これから3つのタイプについてチェックしてもらいます。文章を読んで自分にあてはまるなあ、と思うものをチェックしてみてください。いくつもあてはまるものがあるかもしれませんが、かまわずどんどんチェックしてください。

①タイプL

□わりとよく聞き間違いをする
□昨日あったことや、見たドラマの内容を相手にわかりやすく伝えるのが苦手だ
□ふだんあまり使わない言葉を読み間違える
□漢字の細かい部分をよく書き間違える
□簡単な計算でも暗算は苦手

□地図や案内図を見るのが苦手である

②タイプA

□新しく買った商品の説明書をよく読まないで使うことがある
□そそっかしいと言われる
□ついおしゃべりが長くなってしまう
□さっきまで手に持っていたものをうっかりなくしてしまう
□わりと飽きっぽい
□順番を待つのが好きではない

③タイプH

□自分なりに決まった日課や手順がある
□生活の中での急な予定変更や変化を嫌う

□ちょっと独特の興味や世界があるね、と言われる
□特定のものにこだわる
□とても得意なことと、とても苦手なことがある
□自分の好きなことになると相手の立場に配慮することを忘れ、一方的に話す

さて、あなたはどのタイプのチェックが多かったでしょうか？　実は、私なんてほとんど当てはまることばかりなんですが…。

この結果については、後ほど見ていくとしましょう。

いわゆる「ふつう」の子との違いがわかりにくい

さて、前章でLDは「見えない障害」と言われていると述べました。そもそも「発達障害」自体、健常者との線引きは大変難しく、「どこまでが昼で、どこから夕方かをはっきり線で引けない」ように、明確に二者を分けることはできません。

たとえば、ADHDのある子は多動である、といいますが、「多動」の基準も大変あい

まいです。のびのびした元気な子が多い地方の学校では「子どもらしい」と先生から評されていた子が、都会の大人しい子ばかりの学校に転校してきたところ、「この子は乱暴で落ち着きがない」「病気に違いない」と言われてしまったという事例もあります。

また、小さい頃は療育機関から「この子はADHD」と言われ、小学校3年生のときには町のお医者さんから「なんでもない」と言われ、中学生になると医療機関から「高機能自閉症」と診断を受けた、というケースもあるくらいです。加齢とともにその人の状態が変化していると考えることもできますが、発達障害は診断が難しく、あいまいになりやすい傾向があるのです。

ですから、これからお話しするLD、ADHD、高機能自閉症についても、読んで単純に「うちのクラスのあの子、やっぱり障害だったんだわ」とか「うちの子は発達障害だ」などとすぐに決めつけないでください。もちろんご自分自身のことも。

LD（学習障害）とは

まず、ここではっきり申し上げておきますが、先ほどのチェック項目は、決して診断のためのものではありません。発達障害の子が私たちとかけ離れているとか、まったく関係のない世界の人たちだ、と思わないで、自分たちの中にも似たような特徴があるんだな、ということを共感していただきたい、そのためのチェックなのです。

ＬＤ（学習障害）とは学習の基礎となる、読む・書く・聞く・話す・計算する・推論する、の能力のうち、どれかの習得に著しい困難を示すつまずきです。

先ほどの「タイプＬ」にチェックがたくさん入った方は、ＬＤのある子の悩みやつらさに共感できるセンスを持っていらっしゃるかもしれません。ＬＤのある子は、書くことが苦手だったり、聞き間違えをしてしまったり、説明がうまくできなかったり、といった課題を持っているからです。

前章のアンナさんのように、ＬＤのある子は、ある特定の学習についてのつまずきがあるため、「努力不足」「やる気がない」「要領が悪い」という誤解を受けやすい子どもたちです。

しかし、ＬＤは脳の機能障害によるものであり、本人の努力不足や親の養育によるものでは決してありません。また、学習にまつわるつまずきなので、就学してからその問題が顕著になることが多いようです。

トム・クルーズさんはその中の「読み」の障害を持っています。彼は、bとdや、pとqなどの字をうまく読み分けることができません。

そんな簡単なことができないの？　と思われる方もいらっしゃるかもしれません。でも私たちも、似ている字を読み間違えることはありませんか？

Q．次の言葉をなるべく急いで読んでください。

おんな・あんな・おこと・おんな・おとこ・あんな・おこと・おんな
とうきょう・とっきゅう・とうきゅう・ときょうそう・とっきょ・とちゅう
ぬがめ・めがぬ・ねがめ・め・ぬ・ね・めがね・ぬがね・ねがぬ

Q．「あ」と「め」、「い」と「こ」、「お」と「む」、「ね」と「ぬ」、「れ」と「わ」が置き換わっている次の文章を読んで、答えを言ってください。

こぬといおぎむいあがとわるのはどわかな

答えは、「いねとこむぎおこめがとれるのはどれかな」

いえいえ、それでは不正解。答えは「いね（稲）」ですよ！

このクイズの答えとして「いねとこむぎおこめがとれるのはどれかな」と言ってしまう方も多くいます。やっと「読めた」と思ったことで安心してしまい、「答え」までたどり着かずに終えてしまうのです。このようなミスをしてしまった方は、発達障害のある子が学校で「やっと読めた」と安心して、「読んだだけでできてないじゃないか」と先生にしかられる、そんな場面を理解してあげられるのではないでしょうか。

Q．次の文章を読んでみてください。

子どもたちの会話に耳を傾けてみてください。最近心が傷つく言葉や、イライラしてくる言葉、友だちの元気を奪う言葉が多く聞かれます。

このような言葉をチクッと言葉と呼びます。

今、当たり前のように、あいさつの代わりに、チクッと言葉が飛び交っていますが、そのために友だちとの間でトラブルが起きることも増えてきています。

答えは、

「子どもたちの会話に耳を傾けてみてください。最近心が傷つく言葉や、イライラしてくる言葉、友だちの元気を奪う言葉が多く聞かれます。このような言葉をチクッと言葉と呼びます。今、当たり前のように、あいさつの代わりに、チクッと言葉が飛び交っていますが、そのために友だちとの間でトラブルが起きることも増えてきています」

です（この文の内容については第5章で触れます）。

どうですか？　読んでいてとても疲れませんか？　実は先ほどご紹介した学習障害のある女優のキーラ・ナイトレイさんも、このように字がぶれて見え、大変苦労したそうです。

もし学校生活で、教科書や黒板の字がこのようにダブって見えているとしたら、うまく音読できなかったり、黒板を写すのにとまどったり、集中がとぎれてしまったりする子の気持ちもわかってあげられる気がしませんか？

「物の見え方」というのは難しいもので、「その人にどう見えているのか」を私たちは直接知ることができません。ですから、残念なことに、文字が二重に見えていることが当たり前だと思ってずっと暮らしてきて、大人になってから初めて自分の視覚的な障害を知った、というお母さんにお会いしたこともあります。

Q．次のページの絵には何かが隠れています。さあなんでしょう？

イラスト／望月士郎

えっ、見えない？　それは努力が足りないからです。一生懸命見れば見えます。しっかり見てください。ほらほら、急いで。ちゃんと集中して。がんばって！

さて、ぶちのあるネコがこちらを向いているのが、おわかりになりましたでしょうか？

像が見えてこないときはなかなか見えないものです。一生懸命探そうと目を凝らしても見えなかったり、他の人には見えているのに自分には見えなかったりすると焦ります。そんな焦っている最中に、「努力が足りない」「ちゃんとして」「急いで」「がんばれ」などと言われたら、よけいに焦ります。

私たちにだって、がんばっても、努力しても、集中しても、できないことがあります。とくに発達障害のある子の中には、彼らなりに精一杯がんばっているのにうまくいかない、失敗してしまう、そういう経験ばかりを重ねてしまう子がいます。そんな彼らに、大人は今日も「もっとしっかり」「ちゃんとやりなさい」「がんばればできるはず」などと安易な声かけをしてしまっているかもしれないのです。

苦手なことに日々チャレンジしている子

学校は、勉強をする時間が中心です。たしかに友だちと遊ぶ時間もありますが、毎日5時間、6時間の授業をこなすことはLDの子にとっては大変な課題です。「教科書をうまく読めないかもしれない」、「今日も連絡帳を書くのか、つらいなあ」、「先生に計算問題で当てられて答えられなかったらどうしよう」そんな不安を抱えながらも、けなげに学校に通ってくれている子どもたち、それがLDのある子どもたちです。自分の苦手さと向き合いながら「苦手なこと」にたえずチャレンジしてくれている、それがLDのある子なのです。

なお、気になる方もいらっしゃるでしょうから、前述したトム・クルーズさんの読みの障害について補足しますと、彼は脚本を自分で読んで覚えることが困難なので、他の人に読んで録音してもらい、それを聞いて耳から覚えているそうです。また、キーラ・ナイトレイさんは、特殊なフィルターのついた眼鏡を着用することで文字がぶれずに読めるようになったということです。彼らは自分たちの特性と工夫して折り合いをつけながら、才能を開花させています。

さて、それではＬＤのある子にはどのような支援が必要なのでしょうか？　いろいろな支援が考えられますが、私はとくにこのことを強調したいと思っています。

ＬＤのある子への支援　～第一に、学ぶ楽しさを伝える

これは、単に「学力」を向上させるといったことではありません。私たちは学習を通じて、自分の知らなかった知識を得たり、新しい発見をしたり、「できた！　わかった」という経験をしたりして、自分の世界を広げることができます。ところが、ＬＤのある子にとって学習は、「わからない」「つまらない」「できない」という経験の連続であり、授業は「苦行」で、「よくわからない」時間になりがちです。

そこで、「学び方の異なる」子どもたちに合わせて、教え方を工夫し、勉強の時間を少しでも楽しくわかりやすくして、「ボクにもわかった」「私にもできた」という体験をたくさん提供する、それが重要な支援なのです。

「えー、学習障害なんて知らないし、どう教えたらいいかわからない」「専門的知識がないから、かかわれない」とおっしゃる方もいるかもしれませんが、決してそうではない、

と私は思います。

私が出会った40代のモロボシさんは、昔のことをこう話してくれました。彼の子ども時代に今のような理解があれば、おそらく算数障害のLDという診断を受けたのではないか、と思われる方でした。読んだり、書いたりはまったく問題ありませんが、計算だけがどうしても苦手で、今では計算機を片手に仕事をしている人です。

モロボシさんは小さい頃から数が苦手で、本人は一生懸命なのに、小学校時代は先生から「ふざけてるのか」「いい加減にしろ」としかられることが多かったそうです。算数の授業が嫌で、教室から抜け出してよく廊下に立たされたのですが、算数の授業を受けるより、まだ廊下で立っている方がまし、だったそうです。

計算、数字が大嫌いなモロボシさんでしたが、中学校になって「それほど嫌いではなくなった」のです。そのきっかけをつくってくれたのが、担任の先生だったそうです。その先生はちょうど数学の先生で、ふだんの会話も面白く、授業にはいろいろ工夫がされてわかりやすかったし、彼のこともよく気にかけてくれたそうです。

モロボシさんはその担任を好きになり、先生のわかりやすい指導のおかげで「数字嫌い」が少し軽減されたと言います。彼は今でもその先生にとても感謝しています。

彼が中学生の頃は、日本にまだ学習障害の概念や、特別支援教育がなかった時代ですが、その先生はいろいろ独自の工夫をして、モロボシさんに「できた」「わかった」という経験を提供してくれたのです。ですから、「学び方の異なる子」を導く手だては、はるか昔から、学校現場に、先生の手の中に、確実に存在していた、と私は考えます。

発達障害の子を支援する様々な方法は、まったく新しいこと、これまでの教育になかったものでは決してありません。すでに現場の先生方が、ゆっくりペースの子や、得意不得意の差が激しい子、じっくり話を聞くのが苦手な子たちに合わせていろいろなアイデアを練って教えてくださっています。その日常的な取り組みこそが、さまざまな発達障害のある子の学びを豊かにするものなのです。専門的知識よりも、ちょっとしたそんな気配りこそが、子どもを支えるのだと私は考えています。

ＡＤＨＤ（注意欠陥多動性障害）とは

タイプＡにチェックが多かった人は、実はＡＤＨＤのある子のつらさや生活上の困難さに共感できる人かもしれません。

ADHDの、Aは「アテンション」、Dは「ディフィシット」を指しています。訳しますと、「注意の欠陥」ということになるわけです。つまり、ADHDは「注意」に関しての課題を持っています。顕著な特徴としては、注意の持続時間が短かったり、注意の幅が狭かったりという、「アテンション・スパン」の課題を持っていることが挙げられます。

また、一つのことに集中できず、遊びがどんどん移っていったり、勉強をしている途中で、他のことに気をとられてしまったり、先生の話をじっくり聞くことができなかったりします。このように注意が移りやすい特徴を「注意の転導性」が高いといいます。

注意がどんどん移っていくだけでなく、適切に注意を向けられない、注意を切り替えられない、という傾向も見られます。たとえば、学校で、「いったん作業をやめて先生の話を聞いてください」という指示が出ても、今取り組んでいることを中断して、先生の方に顔を向ける、ということができない、あるいは自分の好きな活動をやめて次の行動に移す、という気持ちの切り替えが苦手な子がいます。自分の興味のあることや好きなことには没頭するので、「この子は集中力がある」ととらえることもできますが、過集中といって「集中しすぎて生活の折り合いをつけにくい」というところから、社会に出たときに問題となってしまう可能性もあります。

ＡＤＨＤのＨＤは、「ハイパーアクティビティ・ディスオーダー」で、つまり「多動性障害」、ということになります。小さい頃は、じっと座っていられない、待てない、静かにしなければならない場所でも走る、飛び回る、騒いでしまう、という多動の傾向がよく見られます。

大きくなってくると多動はおさまる傾向にありますが、非移動性多動の特徴が見られることもあります。非移動性多動とは、座ってはいるけれど、体がどこか動いていたり、貧乏ゆすりをしたり、いつも手いたずらしたりしている、という「座ってその場にはいるが、どこかせわしない」「活動に集中できていない」状態です。ＡＤＨＤ傾向の子では、授業中に練りけしゴムをいじっていたり、シャープペンを回したり、分解したり、はさみでノートの端を切っていたり、という「手の多動」といえるような行動をよく見かけます。

「手の多動」だけではなく、おしゃべりが止まらない、先生に指名される前にどんどん答えを言ってしまう、といった「口の多動」もあるようです。中には口達者な子もいて、先生に注意されるといわゆる「屁理屈」を言ってなかなか言うことを聞かない子や、大人が黙ってしまうような見事な自己弁護をやってのける子もいます。

また、ＡＤＨＤの特徴として「衝動性」というものもあります。パッとすぐ行動に移してしまうので、たとえば家庭では「お母さん、このお菓子食べていい?」と聞いてお母さんが許可する前に、もうお菓子を口に入れている、といった具合です。目に留まったものを、よく確認もせず周囲に気を配ることもせずに触ってしまったり、大人の許可を得ずに勝手に使ってしまったり、ときには壊してしまう場合さえあります。

また、どうもADHDのある子は「ルールにチャレンジしたくなる」性分の子が多いようです。「立ち入り禁止」とか「○○をしてはいけません」と書いてあったり、言われたりすると、どうしてもやってみたくなる、挑戦したいという気持ちがむくむくと沸いてくる、そういう子どもたちに多く出会いました。

ですから、ADHDのある子は「がまんが足りない」「わがまま」「身勝手」「しつけが悪い」などと思われてしまいがちです。

元気印、エネルギー満載の子

さて、ADHDのある子は、落ち着きがない、乱暴だ、などと思われがちです。友だちのことに関心がありすぎて、自分のやるべきことがおろそかになってしまったり、いろいろなお手伝いに立候補してみたものの、どれも最後までやり遂げることができなくなったり、ペットなどもかわいがり方がしつこ過ぎてかえって弱らせてしまったりします。昔でいうとガキ大将だったり、やんちゃ姫だったり。

一人ひとりと付き合うと、エネルギッシュで、とても人が好きで、子どもらしい子どもたちです。いろいろなことに関心があり、チャレンジし、まわりを明るくしてくれます。ＡＤＨＤのある子どもたちはいつも元気一杯、エネルギーに満ちあふれている子と考えることができます。

ＡＤＨＤのある子への支援　～エネルギーのコントロール方法を一緒に考える

では、ＡＤＨＤのある子にはどんなかかわり方が有効なのでしょうか？　私は、彼ら自身の内なる、ありあまるエネルギーとどうつきあうか、どう折り合いをつけるか、を一緒に考えることが大切だと思っています。

しかし、一方的に「がまんしなさい！」「座ってなさい！」という命令は、かえって逆効果となります。なぜなら彼らは前述したように一方的にルールを押しつけられると、それにあえてチャレンジしたくなる傾向が強いからです。

「君ががまんしようと一生懸命なのがわかったから、一緒に作戦を練ろうよ！」「先生も協力させてほしいなあ」と、その子のチャレンジを応援する、一緒にアイデアを出し合う関係をつくることが重要になってきます。

ＡＤＨＤのある人の「いいところ」には、「ひらめき」があります。彼らは私たちが考えつかないような、ユニークなアイデアを思いつくことが多いので、それをベースに「あと3分長く座っているためにはどうするか」「がまんするために必要なものは何か」を話し合っていくことができるのです。

もちろん子どもの場合は、学校の中ではできない、あまりに型破りな発想をすることもあるでしょう。そんなときも「そんなの無理」「子どもじみてる」と言わないであげてください。たとえば、「なるほど、君の作戦は面白いけど、それをクラスでやったらみんながびっくりしちゃう可能性があるなあ。それをこんなふうにアレンジしたらどうだろう」と提案していくと、次につながっていきます。

ＡＤＨＤのある子は、一方的にがまんさせられることよりは、自分の考えたアイデアが基になっている計画の方が意欲的になってくれるので、継続していくことが可能になります。子どもの行動をより適切な方向に導くためには、本人のモチベーションが欠かせないのです。

　またＡＤＨＤのある子は、とても人が好きですし、大好きな人や、尊敬する大人と出会うと、その人に認められたい、ほめられたい、という気持ちを持ちます。ですから、その子との信頼関係を築き、一緒に問題を乗り越えようというスタンスの大人とは、とても良好な関係を築くことができます。

「子どもたちにも大切なプライドがありますし、また「変わりたい」「よくなりたい」という気持ちは、みんなが持っている「いいところ」なのです。

　さて前章でご紹介した、前人未到の記録を持つ水泳金メダリスト、マイケル・フェルプスさんは子どもの頃ＡＤＨＤの診断を受けています。お母さんは、彼の有り余るエネルギーのはけ口として、また集中力をつけさせるため、水泳をさせることにしました。水を異常に怖がって泣くマイケルさんの体をお母さんとスタッフでひっくり返し、顔を水につけなくてすむ背泳ぎから始めたそうです。きっと、彼がここにいたるまでには、お母さんをはじめとするたくさんの大人たちの支えがあったのではないでしょうか。

高機能自閉症とは

高機能自閉症のある子は、学校生活の中において、対人関係のつまずきが目立つことが多いようです。とくに、彼らは相手の気持ちを読み取ることが苦手、という困難を抱えています。これには、ノンバーバルな（ジェスチャーなど、言葉によらない）コミュニケーションがとらえにくいことも関係しています。たとえば、この人は悲しんでいるのか、怒っているのか、困っているのか、といったことを相手の表情から察知することが難しいといわれています。

自閉的な子の中には相手の顔を認識することに困難さを抱えている子が多く、友だちの顔と名前が覚えられなくて困っている、と打ち明けてくれた子もいます。また、私のところに相談に来ていたアラシさんは、相談室で会うと私にとても親しくしてくれるのですが、たまたま休みの日にスーパーで会ったところ、私を認識することができませんでした。

一方、まれなケースかもしれませんが、アキコさんは、お母さんが旅行先の森でかぶれてしまい、顔を真っ赤に腫らして帰宅したのに、その異変にぜんぜん気がつかなかったとのことです。

また、あまり好きな言葉ではありませんが、どうも「場の空気を読む」ことが得意ではないようです。集団でいる場面で、その場の雰囲気を読み取り、まわりの人と気持ちを共有することができない、あるいは、自分がどうふるまえば、その場の雰囲気になじめるかがイメージできない場合があります。

ただ、大人になった当事者の方に聞くと、その「場」にいるだけでもう精一杯、なのだそうです。たくさん人がいれば、それだけ声がしたり、突然音がしたり、動きがあったり、いろいろなにおいが入り混じったりします。自閉症のある方は「感覚の過敏さ」を持っているので、たくさんの人が集まれば、たくさんの感覚が洪水のように襲ってくる、そんな荒波のなかにとどまるだけで、神経をすり減らしてしまう、ということも私たちは理解してあげる必要があるのです。

高機能自閉症のある子とかかわると、言葉の量は豊富で会話は一応成り立つのだけれども、一方通行であり、なにか表面的な、社交辞令的なよそよそしい関係のように感じてしまうことがあります。そのため、彼らは、「風変わり」「融通がきかない」「無愛想」「何を考えているかわからない子」と誤解されてしまうことがあるようです。

しかし、彼らは大変律儀で、決まった日課や活動はきちんとやりますし、一度頼まれた仕事などはとてもていねいにこなします。これは、自分のペースやパターンを守ることが安心につながっていると考えることもできます。

ですから、タイプHにチェックが多かった人は、もしかしたら高機能自閉症のある子の気持ちに近づくことができるのかもしれません。

自分流をつらぬく、こだわりの子

ある親の会の代表の息子さんは、なんとトイレの水の流れる音を聞いて、TOTOとかINAXとか、そのトイレのメーカーをあてられるそうです。また、各腕時計メーカーのアナログ時計の秒針の微妙な動きの差異を読み取ることができ、教頭先生が海外で買った高級ブランドの腕時計を見て、「先生この時計、中身は○○○（別のメーカー）ですよ」と見抜いてしまった子もいます。また車のホイールキャップの形に詳しく、遊園地などでお父さんの車を見つけるときには、色や車種ではなくホイールキャップを見て探す、という子もいました。

高機能自閉症のある子は、ある分野にとても関心が高く、また専門的にとことん追求する傾向があります。ですから、虫や魚、キノコ、天体、三国志、など自分の興味がある分野を徹底的に把握し、昔で言う「○○博士」「百科事典君」のようなタイプが多くいます。学者や研究者に多く見られる、というのも納得できる気がします。

私は、そんな彼らを「自分流をつらぬくこだわりの子」ととらえています。この「こだわり」は、私にとっては尊敬の意味です。彼らの持つ独自の世界の、その緻密さや、情報の豊かさには脱帽させられることが多く、いろいろと学ぶことが多くあります。

高機能自閉症のある子が、自分から私たちの世界に歩み寄ってくれることはなかなか難しいと思います。ですからまず私たちが、彼ら、彼女たちの世界を大切にし、土足で踏みにじるような失礼なことのないように、そっと、じっくりと、彼らのフィールドに近づいていく、入らせてもらう、という感覚を持ちたいと思います。

私が出会ったユリコさんは小学校5年生のとき、学校の自己紹介カードにこう書きました。「私の好きなこと…E3000系」。これは、新幹線の種類だそうです。高学年の女の子が、好きなことを書くとしたら、アイドルだったり、マンガだったり、おしゃれに関することだったりするかもしれません。それなのに電車のことを書くなんて、やっぱり変な子だ、おかしい、そんなふうに思ってしまったら、たぶんユリコさんとすんなり信頼関係を築くことはできないでしょう。女の子なんだから、高学年なんだから、といった「先入観」を持ってしまうと、発達障害のある子の応援団になるのは難しくなってしまいます。「こうあるべき」とか「これが正しい」というのを少し脇におけるか、心のストライクゾーンを広げることができるか、が大切なのです。

高機能自閉症のある子への支援　～人とのかかわり方を具体的に教える

自閉症についての誤解は最近軽減されてきてはいますが、「一人でいるのが好きである」「人とかかわることを極力避ける」といった思い込みを持った人に出会うことがあります。たしかに、そういう人もいるかもしれませんが、私が出会った高機能自閉症のある子たちは「やっぱり友だちはほしい」「一人だとつまらない」「彼氏ができたらいいな」と考えていました。疲れたときや、不安なときは「そっとしておいてほしい」けれど、「いつでも一人がいい」、とは彼らは思っていませんでした。

ただ、「どうつきあったらいいのかわからない」「どうしてあのとき相手が怒ったのだろう?」「人の気持ちをチェックできる機械があればいいのに」など、彼らは困ったり、悩んだり、苦しんだりしているのです。

大人としては、たとえば中学生が人とのかかわり方で悩んでいると、「大いに悩みなさい、悩むのが大人になるステップだ」とか「中学生なんだから自分でよく考えてごらん」などとアドバイスしてしまいがちです。しかし、高機能自閉症のある子どもたちは「どう考えればいいのか」「どうすれば相手が不快にならないのか」「具体的にどのようにふるまうべきなのか」がわかりにくいのです。そこで、場面ごとに図解したり、イラスト化して状況を整理したり、このような場面ではこのような言葉を使うとトラブルになりにくいよ、とていねいに教えたりしていく必要があります。具体的にコミュニケーションの仕方を伝えたり、相手を質問攻めにしないために、相手への質問はとりあえず3つまでね、と具体的な数字を提示する、などの方法が有効になってくるのです。

ただ、子どもたちの世界が、ここのところ妙に「場の空気を読む」のが当然で価値があるかのような文化になってきています。ひと昔前だったら「あの子はちょっと変わっているけど、魚にはすごく詳しくてすごいねえ」とか「三国志を語らせたら右にでるものはいない」と大らかに見てもらえたはずのことも、少しでもユニークだと「キモイ」とか「ウザイ」と言われてしまうような集団になってきていることに、危機感を感じます。

「あの子変じゃない?」「やだ」とクラスの子が言い出しても、「そんなことないよ。彼は物知りですごいと思うなあ」とか「彼女から教わることってたくさんあるよ」と本気でその子に感心していることを示すことができると、大人としてのよいお手本になれると思います。

また、「みんな仲良く」といった大前提を振りかざさず、その子が少しでも一緒にいて「ほっ」とできる数人の友だちを見つけるお手伝いができればいいなあ、と思います。そのような発想によって、発達障害のある子にとってもクラスメイトにとっても、居心地のよい環境が形成されていくのではないでしょうか。

特別支援教育や発達障害のある子への支援は、その子を大人の扱いやすい子へと変えることや、大人の指示通りに動く子を作り出すことが目的ではありません。私は、彼ら、彼女たちに、発達障害のある子の個性的で豊かな持ち味を大切にしつつ、なんとか社会的な自立が可能になるよう、社会と自分の折り合いをつける力を身につけていってほしい、と願っています。

第3章

子どものほめ方、しかり方、はげまし方

「かかわり方」を見つめ直す

発達障害のある子、つまりオリジナル発達の子のためにできることの第一歩、特別でなくても明日から取り組めることとって何でしょう?

私が重要だと思うのは、私たち大人がふだん子どもとどうかかわっているかを見つめ直してみる、ということです。たとえば、発達障害のある子をどうほめるか、どうしかるか、どうはげますか、これも簡単なようで奥が深いことだと痛感させられています。

「ほめない子育て」といったインパクトの強いタイトルの本があり、また「ほめると子どもはつけあがる」、といった意見も聞かれます。私自身、ある心理学の先生に「お前のような発想が子どもをダメにするのだ」と怒られたことがあります。その先生によると、「ほめる」=甘やかす、ということのようでした。

しかしながら「ほめられる」経験を積まなかった子どもたちは、自分をどんなふうにとらえるでしょうか? 残念ですが、私が出会ってきた子どもたちの多くは、自分には「ほめられた」経験がなく「いつもしかられている」「怒られっぱなしの人生」だ、と寂しい目で語りました。「オレは失敗ばっかりだ」「私って生きている価値ないわ」と、自分に失望する子どもたち。学校生活においても、発達障害のある子どもたちは本人たちなりに一生懸命チャレンジしているのですが、「今日もうまくできなかった」「またダメだった」と、感じてしまうことの多い毎日です。彼らは「わかった」「できた」という経験を積む機会が他の子よりずっと少ないので、なおさら自分を信じられなくなったり、課題への意欲を失ってしまったりするのです。

「私のがんばりに誰かが気づいてくれますように」

これは、中学校に進学してから不登校になってしまったイズミさんが書いた切なる願いです。発達障害のある子の多くが、このような気持ちで毎日を過ごしているのです。彼らの「努力」や「成長」は、他の子と比べると小さなものかもしれません。それでも、その変化を見逃さず、「君のチャレンジを見守っているよ」「あなたのがんばりに私たちは気づいているよ」と認めること、そのようなまなざしを向けている大人がいることを彼らに伝えること、それが「ほめる」目的です。さらには「あなたがあなたらしく、一歩一歩進んでいてくれてありがとう」と大人が感謝することが、子どもたちの厳しい生き様を支えることにつながっていくのだと私は考えています。

ところが「どうしてまわりの大人たちは子どものがんばりをもっとほめてあげないんだ」「こんなすてきな子なのに」と、ちょっと憤った気持ちを抑えて、その子たちの保護者や先生とお会いしてみると、意外なことがわかることもあります。実は、まわりの大人はたくさんほめてくれているようなのです。しかし、残念なことにどんなにほめても、本人たちの心には響いていない場合があるのです。

そんなときには、ほめ方を見つめ直してみましょう。大人が望む行動をしたときだけを認めてほめてしまうと、結果的にその子は大人が思い通りにコントロールするためにほめられたことになり、ほめられてうれしいという気持ちになりにくいのです。なぜなら、子どもは「ほめてほしいときにほめられる」ことで、心にしみる経験となるからです。大人に都合のよい行いをしたときにだけほめるのではなく、その子が自分でがんばったなと思えた瞬間、少しでも成果が上がった瞬間をとらえて、すかさずほめてあげたいものです。

また、お説教や指導はついつい長くなってしまうものですが、一方、ほめるときというのはさらりとなりがちです。たとえば、30分お説教をしてしまうことはあったとしても、

30分もの時間子どもをほめ続けることはまずないでしょう。ですから、意図的にほめる回数を増やしたとしても、わずか1回怒られた体験のインパクトの方が強くなって心に残ってしまう可能性があります。

大人がいくら「私は一生懸命ほめてます」と言っても、子どもが「ほめられた」と感じなければそれは「ほめた」ことにはなりません。また、いくら「ほめる」回数を増やしても、別の機会にその子を長々と感情的に責めたり、心を追い詰めるような怒り方をしたりしてしまうと、「ほめ」の効果は一気に消失してしまうのです。

したがって、子どもに「ほめられた体験」を着実に積ませるためには、「ポイントを決めて端的にしかる」、あるいは「失敗したときに上手にはげます」工夫が必要です。

つまり、「ほめる」「しかる」「はげます」ことの3つは、セットにして考えなくてはならないのです。

本章では、この3つの子どもへのかかわり方をなるべく工夫して、子どもを勇気づける方法を考えていきたいと思います。その際に心がけたいことは、大人が「気持ちの余裕」を持つということです。「ほめる」ためには、大人の側に心のエネルギーが必要です。「しかる」ためには冷静さが、「はげます」ためには根気が求められます。ですから、まず子どもに向き合う前に、大人自身が自らを「ほめ」「認め」られるよう、子どもとのかかわりを楽しめるように、自分のエネルギーを充電する機会をぜひつくってください。その上で、これからお伝えすることを100％生かそうと無理をなさらず、できる範囲で取り入れていこうという姿勢で、読み進めていっていただきたいと思います。

「うん、これでいいんだ」「こういう言葉かけを私もしてるぞ」と、自分がすでにできていることを確認しながら、親として、または教師としての自分に「それでオーケー」と言えると、子どもに対しても自然とポジティブなまなざしを向けられるようになるからです。人を認めるには、まず自分を認めてあげることから、です。

その子に合ったほめ方がある

ヒデキくんのお母さんは、子育て本や専門書を読んで、「なるほど、発達障害のある子はほめるのが大事なのね、そういえば最近あまりほめてあげてなかったなあ、よし！」と決意し、急にヒデキくんをほめはじめました。

こんなとき、次のような反応が起きることがあります。

「お母さん、今日どうしたの？　なんか気持ち悪いよ」
「阿部先生、最近お母さんさぁ、オレのことをほめるけど、ちっともうれしくないんだよね。だってわざとらしいんだもん」

ヒデキくんの言葉からもおわかりのように、子どもというのは、たくさんほめればいい、というわけでもありません。

ところがなかには、「とりあえずほめておこう」とか「ほめればいいんでしょ、ほめれば」という態度が見え隠れする方もいるようです。そういうほめ方では一向に効果は上がらないでしょう。たしかに、「あれも、これもできない」と悪いところ探しばかりしている大人や「ほめるところなんて一つもありません」と言う大人よりはまし、と言えるのかもしれませんが…。

ホクトくんは、電車の絵を描くのが大好きです。巡回相談員のキリヤマさんは、絵をほめてあげてよい関係を築こうと「かっこいい電車だね」「絵が上手だねえ」などとほめてみましたが、ホクトくんは無反応でした。キリヤマさんが困惑していると、そこへ担任の先生がやってきて「おお、このE3000系はリアルだなあ」と言いました。するとホクトくんは、急に目を輝かせて「わかりますか？」と誇らしげに絵の解説を始めました。

さて、キリヤマさんと担任の先生のほめ方の違いは何でしょう。それは、ホクトくんがどのようなところをほめてほしいか、というポイントを押さえているかどうか、なのです。たくさんほめることよりも、その子が「うれしいなあ」「やった！」と思える部分をほめてあげることの方が重要なのです。

では、子どもがほめてもらいたいポイントを知るには、どうしたらいいのでしょう？そのためには、その子の好みの活動や興味関心をていねいに把握することです。

先生「リュウくん、今日は勉強がんばってくれたから、約束のペーパークラフトを一緒につくろう。じゃ今日は、ＪＲ西日本の…」
リュウくん「いけません！　ＪＲは西日本では意味がありません。東日本でないと！」

このように、「リュウくんは電車が好きだから」といった安易な考えだけでごほうびを決めても、本人の気持ちに添うことができない場合があるのです。

たとえば戦隊ヒーローが好きな子がいるとします。マジレンジャーは5人で、色によってキャラクターの特徴分けがされています。マジレッドが好きな子もいれば、マジブルーが好きな子もいます。偏食のある子ががんばって野菜を食べてくれたときに、「マジレンジャーみたいだよ」と言うより、その子がお気に入りの「マジブルーみたいにがんばったね」と言ってあげた方が、いっそう「やったあ！」と思ってくれることでしょう。

その子なりの好みや、その子の世界を十分感じ取ろうという姿勢が、「ほめの達人」への第一歩なのです。

また、私たち大人はそれぞれ「自分がよく使うほめ言葉のパターン」というべきものを持っており、どの子に対しても似たようなほめ方をしてしまいがちです。でも、気持ちにフィットしたほめ言葉というのは、子ども一人ひとりに対して違うはずです。しかも、どんなタイプのほめ言葉がしみこむかは、シチュエーションやその子の発達段階によっても変わってきます。状況に応じて、大人がその子に合わせたほめ方を工夫することで、ほめたことの効果はぐっと上がることでしょう。

ほめられ慣れていない子、ほめ慣れていない大人

ミナミさんは、図工の時間にとても上手な作品をつくることができました。大満足のミナミさんでしたが、友だちから「やるね」「さすがじゃん」と言われると怒りだし、突然相手の子を叩きました。担任の先生はびっくりして「ミナミさん、どうしてそんなことするの！」と問いただしましたが、ミナミさんは悔しそうに泣くばかりでした。

ミナミさんは、今までクラスの子から注意されたり、からかわれたり、失敗を責められたりすることが多かったので、せっかくほめてくれた友だちの言葉をとっさに「また私をバカにした」ととらえてしまったようでした。その上、「やるね」という言葉が肯定的な意味だということも、理解できなかったのです。彼女は教科学習については得意ですが、私たちがポジティブな意味で使っている当たり前の言葉でも、場に沿って理解するのが難しいところがありました。

このようなエピソードはミナミさんに限らず、発達障害のある子なら起こり得る話です。

「せっかく友だちがほめたのに、なんなんだ」とすぐにしからず、「ミナミさん！　みんなにほめられてうれしいねぇ」とていねいに説明してあげましょう。

また、ミナミさんがクラスの中でほめられるという経験に乏しかったため、ほめ言葉を受け入れられなかったことも、原因の一つであると思います。

実はこのように、家庭や学校で「ほめられ慣れていない子どもたち」というのは、ほめられてもピンとこない、さらには、なんとなく居心地が悪くなってしまうことさえあるようです。

ほめられ慣れていない子は、いつの間にか、ほめ言葉がスーッとしみこみにくい体質になってしまっているのです。そういう子どもたちの中には、残念ですが、ほめると気持ち悪がる、「そんなの嘘だ」と思って信じられない、何か裏（交換条件）があるかと疑う、ほめられていることがわからない、といった状態になる子がいます。発達障害のある子には、日頃なるべく多くの人から肯定的な言葉を投げかけてもらえるようなチャンスを増やしてあげることが大切なのです。

一方、大人も、たくさんほめてあげたい気持ちがあっても照れくさくて、ほめ方がぎこちなかったりすると、説得力が失われてしまいます。奥ゆかしさを美徳とする日本人は元来ほめ下手ですし、自分自身があまりほめられずに育った大人はなおさらほめ言葉の貯金が少ないために、とっさにほめる言葉が浮かびません。

そうすると、子どもも大人も、ほめる・ほめられることが大変不自然になってしまいます。ご自分にそんなところがあると思っている大人の方、それでは上手にほめられないなあ、とがっかりしないでください。ほめる以前にまず、心がけるべきことがあるのです。

ほめるより、まずつぶさないこと

サオリさん 「やった！お母さん。漢字テスト90点とれたあ」
お母さん 「すごいわね……。でも、クラスで100点とった子たくさんいたの？」
サオリさん 「……（沈黙）」

皆さんは似たようなことを言ってしまった経験はありませんか？ 他にも私たちが口にしてしまいそうな表現を挙げてみます。

パターン1 「漢字はいいとしても、算数がね…」

パターン2　「このくらいのテストは、100点とれて当たり前よ」
パターン3　「次こそは100点を取れるかしらね」
パターン4　「お母さんの教え方がよかったのよ」
パターン5　「……（無視）」

こちらからほめてあげることももちろん大切ですが、その前に、子どもの気持ちをつぶさないような言葉の返し方から意識してみませんか？　もし子どもが、うまくいったこと、うれしかったこと、楽しかったことを話してくれたら、それを「ていねいに聞き取る」ことから始めるのです。たとえほめるのは苦手というあなたでも、子どものよきサポートに少しずつ近づくことができます。

気持ちの聞き取りからはじめよう

子どもの気持ちを受け止めるために、どのような工夫が必要なのでしょうか？　私は以下の4点をあげたいと思います。

①何かしているときにはいったん手を止め、子どもの顔を見て聞きましょう

②子どもの話が終わるまで、口をはさみません
③「でも」「だって」「どうせ」などの言葉は控えましょう
④注意したいことが浮かんできても次の機会にし、その場は気持ちよく終わらせます

子どもが、ほめてもらいたくて一生懸命話をしてきたときは、どうか少しだけ家事や仕事をしている手を意図的に止めてほしいのです。

「お、うれしい話だね。ちょっと待ってね」と言って、お皿を洗っているときなら蛇口をいったんしめて、アイロンをかけているときならアイロンを置いて（電源を切って）、「あなたの言葉を真剣に聞いてるよ」という表現をすると効果的です。

忙しい夕飯時などは、あまり手を止めることができないかもしれません。そんなときは「夕飯の後の楽しみにとっておくからね」と約束し、その約束を忘れないようにします。

また、おしゃべり好きでいつまでもお話が止まらないタイプの子については、「じゃあ、お風呂の時間になるまで聞かせてもらうね」などと最初に時間を区切ります。せっかく聞いてあげても、そのうちだんだんイライラしてきて「いつまでしゃべってんの、いい加減にしなさい！」といった終わり方では、それまでの努力が水の泡になってしまうからです。

子どもをほめるときには

Q．子どもをほめるとき、なるべく大げさにほめるようにしていますか？

①はい
②いいえ

望ましいのは、②いいえ、の方です。

大げさでなく、ていねいにほめる

ほめ慣れていない大人がよくやってしまうのが、大げさにほめてしまうことなのです。ところが、大げさにほめすぎると、そのことが残念ながらマイナスに作用する可能性があります。

たとえば「天才だ」「日本一だ」「最高！」「なんでも一番だね」「こんなすごいの見た

ことない」「将来はエジソン（あるいは偉人・有名人）みたいになれるよ」などといった言葉かけはどうでしょう。かえって子どもが引いてしまうかもしれません。

こんなふうにほめられても純粋にうれしいと感じてくれる場合は、その子の気持ちがまだ幼さを残している段階なのだと言えるでしょう。

コウタロウくんは最近、授業に集中しなくなり、おしゃべりや手いたずらが多くなりました。先生が「最近どうしたの？」と聞くと、「お父さんに『将来お前は偉くなれるから大丈夫』って言われたから、がんばらなくてもいいやと思った」とまじめな顔で言うのです。

コウタロウくんのような反応をする場合も、大げさなほめ方がマイナスに作用してしまった例です。

また、子どもは成長してくるにつれ、大げさにほめられ過ぎると次のような思いを持つようになってきます。

①「こんなにほめられちゃったら、もう失敗は許されないぞ」

②「もし失敗したら、お母さんはがっかりするだろうな」
③「うそだ、そんなにおだてたって信じないぞ」
④「こんなことで大げさにほめて、私をバカにしてるのね」

たとえ、ほめられた直後は本当にうれしく感じたとしても、次に何かうまくいかないことが起きたとき「このオレにできないはずがない」とか「どうして今回は一番じゃないの?」といらだってしまう場合もあります。

このように、大げさにほめることが、子どもに不信感を与えたり、プレッシャーになったりすることもあるので注意しましょう。

また、「天才」「日本一」などのほめ方は、あまりに漠然としています。ですから、「私が買ってきた算数ノート、きれいに使ってくれていてお母さんもうれしいよ」、「今日もお花の水やりしてくれたんだね。先生も見習わなきゃ。忙しいとつい忘れちゃって…、助かるよ」などと具体的に適切な行動を焦点化する方がよいでしょう。

Q.「しっかり」「きっちり」「ちゃんと」という言葉を使わないと、子どもをほめたりしかったりできない。

①はい
②いいえ

②いいえ、と答えられるように、たまには「しっかり」「きっちり」「ちゃんと」という言葉を使わない言葉かけを意識してみてはいかがでしょう。

しっかり、きっちり、ちゃんとは控える

「しっかりやれたね」「きっちり仕上がったね」「ちゃんとできたね」などの言葉も、できれば控えてみましょう。あまり大人が多用していると「しっかりできなきゃダメなんだ」とか「きっちりやらないと許されない」と、自分に完全を求める志向が強まります。

とくに「きっちり」することで「スッキリ」するタイプの子は、パーフェクトにできないとショックを受けてしまいます。その中には「失敗しそうだから、やらない」と回避的な行動を選ぶようになる子もいるでしょう。

「しっかり」、「きっちり」、「ちゃんと」、といった学校でよく目標に使われそうな言葉が、失敗恐怖を植えつけたり、やる気をそいだりする場合もあるのです。

また、「一人でできる」ことをあまりに要求すると、困ったときや課題がわからないときに、誰かに援助を求めることをしづらくなってしまいます。

私が就労支援の際に出会ったレオくんは、人に援助を求めることが得意でなく、何事も自己判断で作業して、ミスをしてしまうことが何度となくありました。彼は「わからない」「手伝ってほしい」と言うことは「かっこ悪い」ことであり、何でも自分一人でやらねばならない、と大人に教わったそうです。

発達障害のある子には、もともとプライドが高く、援助を求めることを苦手とする子が多いのですが、必要に応じて援助を求められるスキルも、将来のために身につけさせてあげたいものです。

ただ、発達障害のある子は、援助を求めるべき「相手の選び方」が不適切なことがよくあります。その場において助けを求めるにふさわしい相手を見極めることが、難しいのです。ですから、大人の目には「なんでよりによって、あの子に助けを求めるのか?」と映るような子に助けを頼んだりすることも起こります。そして、相手に強く拒否されてしまい、その結果「やっぱり誰も私を助けてくれないんだ」と一度の経験を一般化して解釈してしまうこともあるのです。相手の選び方やタイミングも、できるだけ具体的に教えてあげましょう。

Q．ほめるとき、しかるとき、ふだんの言葉かけなど、シチュエーションを考えながら子どもに話すときの声のトーンを変えている。

①はい
②いいえ

「はい」、と答えられたあなたは、それが意識的であっても無意識にであっても、子どもへの効果的な言葉かけが身についている人です。

声のトーンにも気をつけて

ほめるときの声のトーンや強弱にも配慮できるとよいです。たとえば若くてエネルギッシュな先生などを見ていると、「よくやったね！」とほめるときも、「ダメだよ！」としかるときも、同じようにパワー全開で話しかけています。しかし、あまりに語気が強すぎると、ほめられているのか、しかられているのか、子どもにはよく伝わらなくなってしまうのです。

自閉症のあるタケシくんの担任は熱意にあふれ、いつも声が大きく、またよくスキンシップをしてくる先生です。先生はこまめにタケシくんをほめてくれるのですが、聴覚過敏と皮膚感覚の過敏がある彼は、先生にほめられるのをとても怖く感じてしまい、先生を避けるようになりました。

大人は一生懸命ほめているつもりでも、子どもにとっては苦痛な場合があります。他のケースでも、介助員さんのかん高い声が苦手なために、介助員さんがほめるとその行動をやめてしまう、という子がいました。せっかくのほめる行為が、その子にとって不快な刺激にならぬようにしたいものです。

Q．子どもをほめるとき、自分でほめずに、他の人に頼んでほめてもらうことがある。

①はい
②いいえ

「はい」、と答えられた方は、きっと子どもたちのよいサポーターになってくださっていると思います。このように、あえて他人にほめてもらうやりかたは、「間接強化」といって、ほめの上級テクニックなのです。

間接強化でほめてみよう

さて、子育てにおいてお父さんの出番というのはどんなときでしょう？　ご家庭によっては、お母さんだけではしかりきれないときに、「今晩お父さんが帰ってきたら、しかってもらうからね」という展開かもしれません。

しかし、「強い指導」のときだけではなく、ほめるときにも、ぜひお父さんに活躍していただきたいのです。「ふだんは子どもとかかわってくれないくせに」とお思いのお母さんもおられるかもしれませんが、たとえば、

「おい、チョウイチロウ、この前お母さんが喜んでたぞ。最近算数がんばってるんだって？」

と、いう具合にほめてもらえばよいのです。

学校場面でも同様に、たとえば担任の先生から、

「ムツミさん、昨日部活のヤマグチ先生が、君のことほめてたよ。練習熱心だから上達してきたって」

などと声をかけてもらうのです。

このようなほめ方を「間接強化」と呼びます。この方法だと「父と母の両方にほめられた」、「担任の先生からも部活の先生からも認めてもらった」気がするでしょう。また、人づてに耳にするほめ言葉は、相手が本当にそう思っていてくれるからなんだ、と感じられ、よけいにうれしいものです。直接ほめられる経験も必要ですが、思春期の子どもの場合などは、このようにワンクッション置く方法がおすすめです。

またこのときに、「いやぁ父さんもうれしいよ」「私も担任として誇らしいよ」などと

言葉を添えたなら、さらにその子にしみこむことでしょう。

通常の学級でほめるときは

通常の学級の中で特定の子をほめようとする際に留意したいのは、「どうしてあいつだけほめるの?」「それくらい幼稚園生でもできるのに」などといったクラスメイトの声です。ほめたことでかえっていじめられたり、クラスで浮いてしまったりすることがあるからです。そのせいで、子ども本人が「先生、みんなの前でほめるのはやめてください」と言ってきたこともありました。小学校高学年くらいからは、そっと近づいて、さりげなくほめてあげるような配慮をお願いしたいと思います。

親の会を通じて知り合った40代のアキヤマさんは、小学生時代、「配慮」という名のもとに、いつも教壇のそばの特別席で授業を受けさせられ、「アキヤマさんはやらなくてもいいからね」と優しく言われていたことがかえって苦痛だったと話してくれました。

子どものときに大人からほめられたこと、しかられたこと、はげまされたこと、あるいは配慮されたことが、発達障害のある子のその後の人生に確実に大きな影響を及ぼしている、と教えていただくたびに、私は、子どもとのかかわり方をもっと真剣に考えていかなくてはと考えさせられるのです。

「しかる」ことに込める心

「子どもにはしかられる権利がある」という言葉があります。たとえ発達障害がある子であっても、大人にしかられる経験は必要なのです。その子のために、そして、その子が社会に参加できるようにと願って、「鬼手仏心」の精神で上手にしかってあげる大人が存在すべきだと私は考えています。

ときに、私たち大人は子どもに対して、感情のままにどなったり、こらしめるために怒ったり、プライドを傷つける言葉を平気で投げかけたりしてしまうことがあります。もちろん、疲れているときや忙しいときに、心ならずもつい、そのような態度になってしまうこともあるでしょう。

しかしそのような怒り方は、実際にはその子の行動を変えることには結びつきにくいのです。その子のためを思って指導するなら、ストレートに怒りをぶつけるのは避け、冷静さを取り戻し、子どもの発達特性に合わせた言葉かけをする必要があります。加えて、それだけでなく、表情や身振り手振り、言葉の音色などを適切に用いなくてはならないのです。

そのためのポイントをこの後の項でお話しするわけですが、ここで、しかるテクニックを磨こうとする前に、皆さんに考えていただきたいことがあります。

Q. 大人が子どもをしかるとき、絶対に必要な条件とは、なんでしょうか?

(自由回答)

しかるテクニックがうまくなってきて、大人が子どもの行動を効果的に変容できるようになってくると、陥りやすい罠があります。それは、「しかる」という行為を使って、子どもの行動を大人の都合のいいようにコントロールすることにエネルギーが注がれてしまうことです。これは意図的に行われる場合もありますし、大人が無意識についそうしてしまう場合もあります。

そのようなことを続けていると、最初は効果が上がっていたしかり方も、いつしか効かなくなってきてしまいます。これは、子どもが大人の意図を敏感に察知して、拒否的になってしまうからです。

先ほど「鬼手仏心」の精神と申し上げたように、本来、しかるという行為は、子どもを制御するためではなく、その子のためを思って行われるものでなくてはなりません。ですから、しかり方の工夫だけではまだ足りないものがあります。それは「その子を大切に思う心を届ける」よう心がけることです。

あなたが親御さんなら、子どもを愛しているのは自分にとって当たり前、日頃から子どももわかっている、そう思われることでしょう。しかし、ふだんは伝わっていても、しかられると子どもは揺らいでしまいます。愛されたいがゆえに、しかられるような自分だと親に拒絶されてしまうのではないかと不安になるのです。そして、「こんな自分はダメだ」とか「どうせわかってもらえない」という投げやりな気持ちになってしまいます。

それが、先生と生徒の関係ならなおさらです。学校には「よい子」と「悪い子」がいて、先生は「よい子」の方が好きなのだと受け取られてしまうと、なかなか指導はしみこまないのです。しかってくれた大人が、その子にとって大切な存在でなかったら、しかることは効力を発揮しません。その大人によく思われたいと願ったとき、子どもは行動を変容させてくれます。先生は、しかる必要のないときにこそ積極的にその子とかかわり、交流を深めてその子と向き合い、いいところを見つけ、大切に思っている気持ちが伝わるように働きかけるべきでしょう。

その子に本当にしみこむしかり方をするためには、しかるとき「いけないよ」というメッセージと共に「あなたを大切に思っているよ」という思いも届けることです。たとえば、危ないものを振り回して暴れているとき、「どうしてそんなことするの！」と言う前に、「ケガしなかった？　大丈夫？」と声をかける。頭ごなしにしかりつけずに、子どもの言い分にも少し耳を傾ける。しかりっぱなしにせずに後ではげます。できているときを見つけたらすかさずほめ、一緒に喜ぶ。そういう一つひとつのことから子どもに大人の思いは伝わっていきます。

子どもをしかる際、いつも「あなたを大切に思っているよ」の気持ちを忘れないでいただきたいと思います。

98ページのQの答えは、「その大人と子どもの間に信頼関係があること」、です。これがあってはじめて「しかる」という行為が成立するのです。

シンドウ先生は、子どもをしかるときに大事にしていることがある、とよくおっしゃっていました。それは、その子の問題行動自体はいけないこととしてしかる、でも「君のことを大切に思っているよ」という気持ちを込めてしかるよう気をつける、ということです。

先生方に「この子に毎日トラブルを起こされ、困らされている」という気持ちがあると、その子自身にネガティブな感情を抱いてしまうことがあります。そんな先生の表情や言葉づかいから、「あ、この先生はこの子を拒絶しているな」と周囲にも伝わってしまうことがあります。発達障害のある子どもたちはとても敏感なアンテナを持っていますから「先生は自分のことが嫌いなんだ」と感じとり、よけい先生に反抗的になり、言うことを聞かなくなってしまいます。

シンドウ先生は、「私たち大人は、忙しくて疲れているとつい感情的になってしまいますが、極力その子のことは嫌いにならない、『その子の行動はいけないけれど、その子のことは大切だ』という気持ちを持ち続けることが、必要だと思っています」とおっしゃっていました。

子どもを「しかる」ときには

それでは、しかる際のポイントについて考えていきましょう。

強い指導に頼り過ぎない

さて、94ページの間接強化のほめ方のところで触れたような「今晩お父さんが帰ってきたら、しかってもらうからね」といった状況で、お父さんにしかられてしまった子がいたとします。その子が実際に「直したい行動」をしなくなったとしたら、それはどうしてでしょうか？　そのお父さんが、怒るとお母さんよりもずっと迫力のある怖い人だったとしたら、その子はきっと「直したい行動」は控えて「怒られないようにする」ことでしょう。ですが、もしお父さんがいない状況でなら、その子はどうふるまうでしょうか？　おそらくまたその行動をしてしまうであろうことは容易に推測されます。

中学校などでは「あいつは、他の教師の言うことはきかないが、オレが怒ればすぐにやめる」と自分の強い指導を自慢げに語る先生がいらっしゃいますが、本当にそれでよいのでしょうか。その子が先生の元を離れ、将来社会に参加したときにも、誰の前であっても問題行動をとらずにすむよう定着させるための指導でなくてはならないのです。

強い指導の大人ばかりに次々出会ってきてしまった子どもは、「怖い人の前では取り繕う」「人の顔色をうかがう」「怒られないためだけに行動する」といった、萎縮した態度や、裏表のある行動を形成してしまうおそれがあります。

「どなる」、「威圧する」という、力による指導を受け続けると、そのうち「罰によるコントロール」の指導に麻痺してくる子も見られます。そんな子にはさらに強い指導をしていかないと、問題となる行動をとめられなくなってしまいます。

さらには、威圧的な大人の行動をモデルとして獲得し、自分より弱い立場のクラスメイトや後輩を力でコントロールしようとし始める子も出てきます。そして、体がだんだん大きくなると、先生や親を乗り越えて、反撃に出るようになるケースもあります。

Q．子どもをしかるとき、途中でかわいそうになって許してあげることがある。

①はい

②いいえ

子どもにしみこむしかり方は、②のいいえ、です。しかりきる覚悟で対応しましょう。

しかりきる気持ちが大切

リョウコさんは、いたずら好きで、いつもお母さんを困らせます。公園などでときどき他の子に対しても危険な行動をとるので、厳しくしかろうとしますが、そのたびにリョウコさんがしくしく泣くのがかわいそうで、どうもしかりきることができません。「泣いたからきっと次は気をつけてくれるだろう」と思うのですが、泣き止むとケロッとして、またすぐにいたずらを始めるのです。

このように、しかっている間に厳しさがトーンダウンして、あいまいなままに対応が終わる、という場面を見かけます。これではせっかくしかっても、子どもにしみこむ可能性は低いでしょう。

「あの先生は怒っても、どうせすぐ許すんだ」と教えてくれた中学生もいました。子どもたちは私たちが思っている以上に大人の行動を分析しています。

発達障害のある子をしかるとき、「かわいそう」「気の毒」「どうせ言っても理解できないだろう」などと大人が揺れてしまうと、そのことが子どもに伝わってしまいます。毅然と、その子のためにしかりきりましょう。

何をどうすればよいのか、具体的に

ほめ方のところでは、「しっかり」「きっちり」「ちゃんと」できたことを強調してほめすぎない方がよいと述べました。

これらの言葉は、しかる際にもよく使われます。私たちは、よく「しっかり座って」「きっちりかたづけて!」「ほら、ちゃんとしなさい!」などと口にします。これらの表現は、いろんなシチュエーションで使えるために、つい安易に多用してしまいます。ためしに、これらの表現を使わずに子どもと一日接してみてください。ふだんいかにこれらの言葉に頼っているか、気づかれることでしょう。

しかし、「ちゃんとしなさい」などという言葉かけは、とてもあいまいで漠然としています。なぜなら「ちゃんとする」内容が場面によって違うからです。

発達障害のある子には、「場の空気」を読むのが苦手な子、場面によって「どうふるまう」と「ちゃんと」するのかがわからない子が多いので、そんなふうに言われても困ってしまいます。ですから、「いったん鉛筆を置いて、手をひざの上にのせて、先生の方を見てください」というような具体的な声かけの方が伝わりやすいのです。

成人になった当事者の方々にお話を聞きますと、「早くしなさい」「がんばりなさい」などの言葉も「何を」早くするよう言われているのか、「何を」がんばればいいのか、がわかりにくいそうです。さらに踏み込むと、「どこまで」がんばればいいのかも、先生によってその尺度がまちまちで困った、とのことでした。

長いお説教は避け、過去のことは持ち出さない

具体的でない指導と同様、避けたいのは、やたらと長いお説教です。大人が自分のイライラをそのまま子どもにぶつけて、自分がすっきりしたところで話を終える傾向が強いので長くなってしまうのでしょう。

ところが、あまりに長いと、発達障害のある子は「話を集中して長く聞いていられない」、あるいは「何を怒られていたのかがわからなくなってしまう」ために、行動を修正

することが難しくなるのです。

そして、お説教をしているうちに、だんだん昔のことがよみがえってきて、「そういえば、この前も注意したでしょう」とか「先週は…」などと問題が広がり、お説教がさらに延びてしまうことがあります。子どもを上手にしかるためには、ポイントを絞って、「具体的に、強く短く」を心がけたいものです。

肯定文で働きかける

私たちはごく普通に「教室でさわいじゃダメ」「廊下を走ってはいけません」などと言います。しかし、このような言い方はあまり適切ではありません。どうしてでしょうか？「～してはダメ」「～してはいけません」という言い方は、否定形の文章です。否定から入ると、それだけで子どもは反抗的な態度を示すことがあります。また、否定だけでは、どう行動すべきなのかもわかりません。望ましいのは「〇〇しよう」という肯定形の文章です。

それに加えて、「〇〇する方が早く終わるよ」「〇〇すると危なくないよ」など、その子が損をしないために気づかう言葉を添えると、すんなり指示を聞いてくれることがあります。

日常の声かけだけでなく、約束事や行動の目標を決めるときにも、肯定形の文章を使うことを心がけるとよいでしょう。

発達障害のある子たちは否定的な言葉を日常的にたくさんもらっているので、否定語を聞いただけで、大人への反抗心にスイッチが入ってしまう子もみられます。肯定文で子どもと向き合い、お互いに気持ちのよいコミュニケーションを心がけることで、「子どもの素直な心」に働きかけていただきたいと思います。

一貫した指導のもとに

学生ボランティアのオオヤマさんは、ADHDのあるムサシくんの担当になりました。初めてADHDのある子とかかわることになったオオヤマさんの悩みは、彼の行動をどこまで許容して、どこでしかればいいのか、です。教頭先生は「オオヤマさんの裁量に任せます」と言ってくれますが、担任の先生からは、「授業中だけでなく、そうじもきちんとできるよう、しっかり指導を」と言われています。

あるとき、そうじ中にムサシくんが廊下をふらふらしていたので「そうじの場所に戻りなさい」と強めに注意してみました。すると「だって教頭先生が、ムサシくんはやらなくていいよ、って言ったんだもん」とムサシくん。オオヤマさんはそれ以上彼を注意できませんでした。しかし後で教頭先生に確認したところ「そんなことは言っていない」と言われて、彼にごまかされたのだとわかりました。

複数の大人に同じことを注意される可能性がある場合、どの大人も同じ基準を持って子どもに働きかけているか、という点が非常に重要です。お父さんとお母さんの間でなら、日々の話し合いですむとしても、家庭の外ではなかなかそうはいきません。

とくに、学校というところは、全体での情報の共有が大変難しいところです。また教師全員が一枚岩になって、などとよく言われますが、実際にはその体制がうまく機能していないこともよくあります。

発達障害のある子の中にはムサシくんのように口達者な子もいて、大人がうまくあしらわれてしまい、タイミングよくしかれないことがあります。「○○先生はこう言ってたよ」と言われても、なかなかうまく確かめられません。

また、とても感覚の鋭い子もいて、「この人は逆らうと怖そうだ」「この人は甘い」と大人を見分けて、相手によって態度を変化させたりします。このところ問題になっているのは、担任や他の先生の前では問題が見られないのに、オオヤマさんのような学生ボランティアや、介助員さんなどには甘えた態度をとり、自分にできることもしなくなり、なんでもおまかせ、の状態になってしまうケースが増えていることです。

学校で、子どもの問題行動に対して指導をしていくならば、その子の課題を数個に絞り込み、そして文書などでまとめて、整理することが重要でしょう。たとえば、ムサシくんに「清掃活動に参加させる」という指導をするのなら、かかわる先生やスタッフが一貫性を持ち、一丸となって対応しなくてはなりません。そうすればムサシくんが「教頭先生がこう言ってた」とごまかしても、「いや、教頭先生はそんなこと言わないはずだよ」と毅然と対応することができるわけです。

このようなことを踏まえて、通常の学級でも「指導計画」をまとめておくと、対応の混乱をさけることができます。

しかられることを望んでしまう子どもたち

Q．しかられているのに、子どもの様子がどこかうれしそうなときがある。

①はい
②いいえ

しかられることがあまりにも続き、しかられていないとなんだか落ち着かない、そんな気の毒な状態になる子がいます。

また、しかられてでもいいから、誰かにかまってほしい、大人とかかわりたい、という感覚を持つ子や、しかられることをなんだか楽しんでいるように見える子とも出会います。

保育園年長のジュリさんは、言葉が遅く、ゲームなどの遊びで友だちとうまく交流することが苦手です。彼女は突然友だちの持っているおもちゃを黙って奪い、逃げ出します。

おもちゃを取られたお友だちが「やめて」「返して」と言うと、ジュリさんはとてもうれしそうな顔をします。
先生が「ジュリちゃんダメでしょう！」と言って近づくと、彼女はさーっと逃げます。先生が注意しようと追いかけて来ると楽しそうに笑っています。先生が追いつけないときは、彼女はしばらく止まって先生を待つようなしぐさをします。

ジュリさんのケースでは、「しかられること」も遊びの延長のようです。彼女のペースにみんなが知らず知らずのうちに巻き込まれています。これに加えて、かわいいしぐさや表情を見て許してしまったり、あるいは「理解させるのが難しい子だから」というあきらめから、前述のような「しかりきれない」ままにしてしまったりすると、このようなトラブルはずっと続くでしょう。この状態が保持されると、ジュリさんの行動がさらにエスカレートしてしまう可能性も高いのです。

ケンイチくんは小学校4年生ですが、算数に関しては小学校3年生の課題をクリアできていません。彼はとくに算数の時間になると、歌を歌ったり、大声を出したり、友だちにちょっかいを出したりします。
ケンイチくんが問題行動を示すたび、担任の先生は彼を隣の空き教室に連れて行き、「がまんすることの大切さ」などを語って聞かせます。すると彼は神妙な顔をして「先生がんばってみる」「ごめんなさい」と言ってくれるので、態度を改めることに期待しますが、実際には何度指導しても行動が改まりません。

ケンイチくんのケースでは、「お説教されてでもいいから、先生を独占したい」という気持ちがあるのかもしれません。そんな場合、先生がいくら真摯にしかっても、その行動が減ることはないでしょう。さらには「しかられている間は苦手な算数をしなくてすむ」ことにもなりますから、彼の行動を変えることはますます困難になります。

また、ふだん「怒られることが当たり前」になってしまい、「ほめられること」や「認められること」に居心地の悪さを感じて、せっかくよき支援者や理解者に出会えたのに、その人が怒るようなことをわざとし続けてしまう、といった悲しい生き方が身についてしまう子も、少数ですがときどき見かけます。そんな子を目にすると、切ないものを感じます。

遠回りだけれど大切な支援

では、まずジュリさんの場合、どのような対応をしていけばいいのでしょうか?

本ケースでのサポートのポイントは「しかることで問題行動をやめさせる」のではなく、「より適切な行動がとれるように、スキルを高める」ことです。

ジュリさんはふだん、他の子と充実した遊びの時間が持てないので、「わざとおもちゃを取る」ことで、お友だちや先生とかかわれる遊びを作り上げています。ここで彼女に「おもちゃを貸して」と言うように指導するのは時期尚早でしょう。なぜなら「貸して」と言ってしまうと、彼女の望んだ追いかけっこ遊びができなくなるからです。彼女はルールを守ってじっくり遊ぶことより、即結果の出る、しかも周囲が大きく変化する状況に楽しみを見出しているわけです。

こういう場面で、私たちはつい「コミュニケーション・スキル」に目がいきそうですが、まずは、ジュリさんが楽しみを見出せるような別の遊びを探せるようサポートしましょう。新たな「遊ぶスキル」を教えてあげて、不適切な遊びを適切な楽しい遊びに置き換えてあげるのです。遊びのレパートリーが広がれば、待ったり、役割を交代したり、といった経験が自然とできます。そうすれば「遊び」を楽しむには相手が必要で、自分一人の思いだけでは足りない、と感じられることでしょう。

次に、ケンイチくんの場合はどうでしょう。まず、算数の授業中に彼がうまく参加できている瞬間を見つけ、すかさず側によって、声かけをしたり、はげましたり、肩にふれたりしてみましょう。問題行動を示したときだけ注目を与え、かかわりを持つのではなく、ケンイチくんなりにできている場面に着目して、そこで積極的にかかわる、ということが大切なのです。

適切な行動をとっているときにこそ、「先生はあなたを見てるよ」「先生は君の努力をわかってるよ」というメッセージを送りましょう。そうすれば、わざわざ問題行動で先生の気をひく必要がなくなります。

また発達障害のある子の中にはスポットライトが当たるのが大好きな子がいます。同学年の子には「当たり前」にできることでも、彼らには120%、いや150%の努力が必要なことがあります。その努力にスポットライトをあてていくことで、彼らの適切な行動を増やすことができるでしょう。

子どもを「はげます」

発達障害のある子は、失敗を極端に嫌がる傾向があります。失敗を避けるために「やらない」、失敗しそうになると「途中でやめる」、失敗すると「パニックになる」などの点が見られます。

ですから、子どもが「チャレンジしようとしている」あるいは「うまくいかなかった」ときに、私たちはどう「はげます」かを、その子や状況に合わせて考えねばなりません。子どもたちが失敗を経験したとしても、再びチャレンジする勇気を持てるように、次の一歩を踏み出すための力を出せるように、私たち大人にしてあげられることはなんでしょうか。

プロセスを楽しませる

そもそも、長い人生において、失敗せずに生きることは到底無理な話です。ましてや子どもであれば失敗して当然だし、そこからさまざまなことを学びながら、成長していくわけです。

さて、まわりの大人の皆さんはその子に「結果よりもプロセスを楽しませる」「失敗したときは上手に学ばせて次につなげる」ことをさせてあげているでしょうか？

私もときどき反省させられるのですが、目の前で子どもが失敗しそうになると「ハラハラ」「イライラ」してしまいます。そんな感情的な大人の姿を見せてしまっては、「失敗しても大丈夫」などの声かけもうまく伝わりません。子どもの失敗恐怖を強めているのは、実は大人の「子どもの失敗に耐えられない弱さ」だとも言えるのです。

私たち大人に「なぜこんなことができない」「何度も言っているのに」「どうせまた失敗する」という思いがあると、子どもはますますチャレンジを恐れるようになってしまうことでしょう。

「失敗から学ぶ」よりも「できた場面から学ぶ」

また、発達障害のある子の多くが「失敗から学ぶ」ことが難しいと言えます。「うまくいかなかった」という思いだけが残り、「どこを直せばいいか」「どう変えればいいのか」などは整理しにくいのです。それは、場面・状況を把握することや、多くの情報の中からポイントを読み取ること、などの弱さがあるからです。ですから、失敗を経験させただけでは「失敗に学んだ体験」を作り出せないのです。

私たちはよく「何がいけなかったのか」とか「次に失敗しないためにどうすべきか」という視点で問題を整理します。その反対に、案外見落とされがちなのが「なぜあのときはうまくいったのか？」ということです。うまくいった場面を当たり前とみなさずに、ていねいに「成功の秘訣」をひもとくことが、その子のサポートには欠かせません。

ビデオなどに記録しておいた指導場面の中から、「うまくいったもの」に着目し、本人とそれを一緒に見ながらふりかえることとは「ポジティブセルフレビュー」と呼ばれ、トレーニング場面でも重要視されています。「このビデオを見てごらん。こんなに上手にできているよ」と視覚的に取り込ませることで、ネガティブな思い込みを軽減することができるのです。

自分の「いいところ」を知っている子の「立ち直り力」

近年、「レジリエンス（立ち直り力）」という言葉が注目されています。つらいときや失敗したときに、立ち直れる子とそうでない子の違いは何でしょうか？

もちろんいろいろな要素が考えられますが、私は、子どもたちが「自分の強み・いいところを知っているかどうか」が大きいと思います。「これだけは負けない」というものがあれば、ときにうまくいかないことがあったとしても「まあ、いいか」と思えるでしょう。ところが「何をやってもダメ」「どうせ取り柄がない」と思っていると、小さなつまずきでさえ「やっぱり全然ダメだ」「何一つできない」と全否定しやすくなります。

ただし、強みが一つだけだと、うまくいかないときの絶望感はより大きくなってしまいます。ですから「いいところ」をたくさん探し、本人に気づいてもらうように働きかけましょう。

「はげましパワーワード」を見つける

子どもをはげますには、まず私たちが言葉を磨き、その子の状態や年齢に合わせた言葉をたくさん貯金しておく必要があります。

【はげます言葉】

だいじょうぶだ
心配ないよ
もう一回やってみよう
きっとできるようになるよ
あなたらしくていいね
君ががんばっているのを知っているよ
応援しているよ
これは確かに難しいよね
少し時間をおいてみようか
次回が楽しみだね
待ってるよ
信じてるよ

そんな、人からのはげましの言葉も大切ですが、ときにはゲンキくんのようなケースにも出会います。

ゲンキくんは、勝ち負けにこだわりがあり、なんでも一番でないと気がすみません。とくに漢字テストへの思い入れが強く、いつもは満点のことが多いのですが、ときどきうっかりミスで満点を逃すことがあり、そんなときは答案を破いてしまいます。「次がんばればいいよ！」とはげますのですが、ゲンキくんは「僕には次はないんだ！」と叫び、よけいに当たり散らすのです。

ゲンキくんのように、発達障害のある子のなかには、他者からの「はげまし」でよけい興奮してしまう子がいます。しかし、自分で自分に「大丈夫、できる」とか「うまくいく、うまくいく」と唱えて気持ちを安定させる方法だと、なんとか乗り越えられる場合があります。

このように子どもたちが、自分なりに自分をはげます言葉を、私は「パワーカード」ならぬ、「パワーワード」と名づけました。このパワーワードには、子どもたちの大好きなヒーローやスポーツ選手、ときには歴史上の人物などの言葉を使います。

ゲンキくんに「うまくいかないなあ」「間違えたなあ」と思ったとき、「どんな言葉を繰り返すと気持ちが落ち着く？」と聞いてみました。すると、大好きなアニメの主人公の

「99%負けとわかっていても、オレはあきらめん！　1%にかける！」「次のチャンスがオレには見える！」といった言葉を教えてくれました。

そこで、ピンチのときには意識的にその言葉を唱えてみるよう提案してみました。すると、少しずつ自己コントロールできるようになってきたのです。

静かなる「はげまし」

「はげまし」は何も言葉だけではありません。すぐに口や手を出さず、その子を信じて黙って待ってあげることもときには必要でしょう。これは、援助をまったくしないこととは違います。

子どもには「とにかく自分だけでやらせて」「放っておいてほしい」というときが必ずあります。私たちもそうでしょう。

そんなときの「大丈夫だよ」「一人でできるかな」などの声かけは、「本当はぼくにはできないと思ってるな」「私は自分一人でやってみたいのに」といった、「信用されていない」感覚を与えます。これは「はげまし」とは真逆の効果を生むでしょう。

失敗するかもしれなくても、その子のチャレンジを黙って見守る「沈黙のはげまし」では、大人側の勇気が試されています。

ケース別の対応

乱暴な行動をしてしまった子には

さて、ケースごとに子どもへの声かけを具体的に考えてみましょう。

たとえば、乱暴な行動が目立つ子がいるとします。でもその子は学校にいる間中、ずーっと暴れているわけではありません。それなのに、「いつもあなたは乱暴なんだから」などと言ってしまったりすることがあります。

これを私は「ネガティブな暗示」と呼んでいます。日々そんな声かけをされている子は、そのうち「どうせオレなんか」と思うようになります。そして、「そうさ、オレは乱暴でけっこう」と常道的に攻撃的な行動をするようになってしまうのです。

このような気の毒な子をつくらないためには、その子が暴れたときにも「どうしたの？君らしくないな。君が本当は優しいってこと、先生は知ってるよ。そんな君がこんなに怒るんだから、何か理由があるんだと思う。まずは話してくれないかな」と声をかけるようにします。

「君は本当は優しい」「君は自分をコントロールできる子だ」とポジティブな面への働きかけ、つまりポジティブな暗示をかけてあげたいのです。

待つことを学んでほしい子には

ミナトくんは、思いつくとパッと行動してしまう傾向があります。家では「お母さん、これ食べてもいい？」と言ったときにはもう口にお菓子が入っている、「これ貸してくれる？」と言ったときにはもうそれを手に取っている、という具合です。


こういう衝動的に動いてしまう子に対してはつい、「いいよって言われてないのにどうして食べるの！」「なんで勝手なことするの？」と怒ってしまうのが常ですが、このようなときには、

「食べたい気持ちはわかるけど、まだ待てるよね」

と声をかけるようにします。

前半の「気持ちはわかる」というところで、その子の気持ちは受け止めてあげ、しかし、後半で行動は規制する、という形です。

学校などでは、前もって、「先生の説明がすんだら、だいたい9時10分にはみんな実験に入れるからね」とか「時計の長い針が6を指すまで待って」など「いつまで待てばよいのか」の見通しを持たせてあげると、さらによいでしょう。

字をていねいに書いてほしい子には

字を書くのが苦手だったり、嫌いだったり、雑だったりする子には「もっとちゃんと書けないの」「しっかり書きなさいよ」などとつい声をかけてしまいます。しかし、ある先生がこんなふうにおっしゃっていました。

「この前のごん狐の授業のとき、ノートていねいに書いてたよね、あんな感じで書いてみてよ」「君は落ち着いてていねいに書けば、上手だものね」

その先生は書字が苦手な子に個別にかかわって、上手に指導した後、うまく書けたプリントをコピーしてとっておきました。そして、ときどきその子にそのコピーを見せ「君はこれだけ書けるんだからね」とポジティブなフィードバックを続けました。すると、その子は次第に自信を持って取り組んでくれるようになったのです。

うまくできたときは、何気なく見過ごしてしまいがちですが、スムーズにできた場面を見逃さずとらえておき、ここぞという適切な場面でフィードバックすることが重要になります。

説明が苦手な子には

ダイゴ君は話すのがあまり得意ではありません。学校であったことをお母さんに報告してくれるのですが、言葉でうまく説明できないために伝わらない、といったことがよくあります。

こんなとき大人は、「何を言っているのかわからないよ」とか「頭の中でまとめてから話しなさい」などと言ってしまいます。

しかし、「うん、ダイゴの言いたいことはわかったよ」、あるいは「ごめん。ちょっとお母さん上手に聞いてあげれなかったんだけど、ダイゴはこういうことが言いたかったのかな?」とていねいに返してあげたいものです。

ゆっくりペースの子には

ゆっくりしたマイペースの子に対して、「まだこれだけしかできてないの?」と声をかけてしまうことがありますが、それでは本人に「もっと急ごう」とか「早くしないと」という気持ちにさせることは難しいでしょう。

「おっ、課題が半分まで終わったね。あともう半分だから急ごうか。できるよね?」と、できている部分に着目してはげますことが大切です。

第4章

発達障害の特性に合わせたサポート

その子へのサポート、どっちが適切？

本章では、発達障害のある子や気になる子のための具体的なサポートの方法について見ていきます。このことを考えていく際には、まず発達障害のある子の苦手さ、困難さについて整理していく必要があります。家庭や学校の中で、適切な行動が取れない場合に、この子は「大人をバカにしているのではないか」「わざとやらないのではないか」「どうしてこんなこともできないのだろう」と思ってしまうことがありますが、彼らの課題を把握することで、その子にあった配慮を組み立てていくことができます。

ここでまた、クイズを10問ほど用意してみました。まずは皆さんで、それぞれの方法が合っているか、間違っているか、を考えてみてください。本章を読み進めていくと、このクイズの答えが少しずつ確認できるようになっています。

サポートクイズ①

新しい活動に取り組む場面では、図やイラストなどを使って流れを追いながら説明し、活

動の見通しを持てるようにする（○・×）

サポートクイズ②

子どもが大きくなってから臨機応変に行動できるよう、スケジュールの変更は直前に伝えるようにするとよい（○・×）

サポートクイズ③

具体的なマークや印によって、子どもが立つ位置や待つ位置がひと目でわかるようにするとよい（○・×）

サポートクイズ④

子どもを待たせる必要があるときは、事前に「いつになったらできるか」を伝えるように配慮する（○・×）

サポートクイズ⑤

たえず緊張感を持たせるため、指示は一度しか言わないように心がける（○・×）

サポートクイズ⑥
言葉だけの指示ではなく、どうしたらよいか具体的な活動のモデルを提示するようにする（○・×）

サポートクイズ⑦
こだわっている物や行動については、早いうちにどんどん取り上げたり、打ち消したりするとよい（○・×）

サポートクイズ⑧
苦手な音、におい、感触などを把握し、それらを克服できるように、日々苦手な刺激を与えながら特訓するとよい（○・×）

サポートクイズ⑨

子どもが悩まなくてすむよう、自分で選んだり、決定したりするような場面は極力つくらないようにする（〇・×）

サポートクイズ⑩
子どもが担当できる係の仕事など役割を設定し、さりげなくサポートするとよい（〇・×）

様々な苦労を理解しよう

「デリケートな感覚」での苦労

発達障害のある子の中には、大変感覚がデリケートな子が多くいます。第1章のヒビノさんのところで触れた「感覚過敏」と呼ばれるものです。彼らは、感覚的な刺激によっては、敏感すぎるほどに鋭い場合があるため、日常生活で私たちが気にならないことがとても気になったり、気にしないようにがまんできることが耐え難かったりすることがあるのです。

たとえば音に敏感な「聴覚過敏」の場合、運動会のピストルの音や避難訓練のサイレンの音が怖くて、学校の行事に参加できない子もいます。
別のケースでは、音楽の授業に参加せず、いつも教室に残っている子がいて、先生はさぼっているのだと思っていたのですが、実はリコーダーの音が苦手で音楽室に近寄れなかったという子がいました。同じように、黒板消しクリーナーの音が苦手で、そうじ時間中ずっと耳ふさぎをしていたため、そうじをさぼっていると強くしかられた子もいます。

保育園の年長だったアユミさんは、泣いている赤ちゃんをいじめる、「いじわるな子」だと思われていました。しかし、アユミさんは赤ちゃんの泣き声が苦手で、それをどうにかして止めたくて音が出るところ（赤ちゃんの口）を塞ごうとしていたのでした。

たしかにアユミさんのやったことは放ってはおけませんが、「悪い子だ」「ひどい」と思うだけでなく、彼女の特性も踏まえて対応する必要があるでしょう。
他の人が気にならない音が気になるだけでなく、教室のすべての音が「均一に」耳に入ってきてしまうという子もいます。こうなると先生の指示も、隣の子が椅子をガタガタさせる音も、鉛筆を走らせる音も、すべてが同じように耳に飛び込んでくるものですから、選択的に先生の指示を聞き取ることなどとてもできない、という問題が起こるのです。

音に敏感な子だけではありません。独特の味覚の過敏さを持っていて、白いご飯は食べられるけれど炊き込みご飯は異物感があって苦手、口の中で不規則に痛くはじける炭酸が苦手、また「緑色」に特別な嫌悪感を感じるので緑色の食べ物がすべて食べられない、炭水化物しか食べられない、など偏食になりがちな傾向もあります。

肌が敏感で、同じ素材の服や靴しか受けつけない、シャワーが肌にあたると痛い、髪や爪を切られると痛みを感じるという子もいます。歯茎がとても敏感で歯磨きを泣いて嫌がり、保護者の方が仕上げ磨きに大変苦労されるといった話もよく聞きます。

人に触られるのが嫌いな子も結構多くて、幼児でも頭をなでられたり抱っこされることを拒絶する場合もあります。ただし、自分から触るのは平気といった子も多いようです。もちろんにおいや、光に敏感な子もいますので、五感の過敏さを把握しておくことは大変重要です。

こういった感覚の過敏さによる苦労について、私たちにも少しは共感できるところがあるのではないでしょうか。たとえば「発泡スチロールのキシキシこすれる音」や「黒板にチョークがあたってキューーっとなる音」が極端に苦手な人もいますし、妊婦さんの話を聞くと、体がデリケートになっていてシャワーを痛く感じたり、ご飯の炊けるにおいで吐き気がしたりする方もいるようですから、必ずしも私たちとかけ離れた感覚とは言えません。

タバコのにおいが嫌いな人が、学校で授業を受けるのと同じ5時間のあいだ、喫煙室に入ってがまんしなさいと言われたらいかにつらいか、想像できるのではないでしょうか。

しかしまた一方で、独特な感覚の「鈍さ」も持ち合わせている可能性があることも念頭に置いておく必要があります。

「こだわり」での苦労

食品工場に向かうために駅で待ち合わせしたハヤミさんは、数字にこだわりがある方でした。それは通勤支援にはとてもありがたい「こだわり」に感じました。毎日決まって7時43分に自転車で家を出て、7時51分に駅に到着し、7時54分の電車に乗る、という流れをきちんとこなせる方でした。

ところがある日、不測の事態が起きました。朝出かけようとしたところ、自転車がパンクしていたのです。焦ったハヤミさんでしたが、走ってきてくれて、私との待ち合わせには間に合いました。そこで一緒に、電車に乗ろうとしましたが、54分にはギリギリでした。

私はとにかく最寄りのドアから飛び乗ろうとしたのですが、ハヤミさんはいつもの車両「5号車でないと困ります」と言って、5号車の前まで移動しようとしたので、その間に電車のドアは閉まってしまいました。すると彼は「5号車が」と言いながら、呆然とその場にしゃがみこんでしまったのです。発車時刻だけでなく、車両番号にもこだわりがあり、そこはどうしてもゆずれないのでした。

また、小学校3年生のアスカくんは、電池にこだわりがあって、あらゆる機械や装置に使われている電池を調べないと気がすまないのです。授業中だろうと、作業中だろうと、他人の家だろうと、たとえばリモコンをひっくり返してふたを開けて電池を確認し、「単3だ」「マンガン電池だ」などとチェックして、「うん」と納得するので、先生もお母さんも困ってしまいます。電池のことが気になると、集団行動からはずれてしまうことがよくあるからです。

ハヤミさんやアスカくんだけでなく、発達障害のある人にはさまざまなこだわりがあります。彼らのこだわりは日付、電話番号、時刻表、商標など多岐にわたり、その人の生活をとてもせばめてしまう場合があります。

「いつもと違う」ことでの苦労

就労支援で出会ったタカヤマさんは、いつも同じお気に入りのベルトをしていました。いつもこのベルトにこだわっていたタカヤマさんですが、なぜかある日、そのベルトをするのを忘れて出社してきました。ベルトをしていないことに本人が気づいていない間は、いつものように落ち着いて作業に取り組めていたのですが、ズボンが下がってくるので、ふとズボンを手で引き上げました。そのとき、彼はいつものベルトがないことに初めて気づき、突如大声で「ベルト、ベルト、ベルト」と叫びながら外に飛び出していってしまいました。

コンビニに着いてから財布がないことに気づいたときや、改札を出ようとしたら切符がないとき、海外など初めての場所に行ったときや、新しいことに挑戦したとき、予想と違う状況に直面したときには、大人でもドキドキしたり、とまどったり、どうしようと焦ったりします。

発達障害のある人たちは、そういった場面でとても気持ちが動揺しやすいのです。それは子どもの場合でも同様です。たとえば、新しい方がうれしいだろうと思ってせっかく買ってきたおもちゃなのに、それにはあまり関心を示さずいつものプラレールに向かったり、気分転換にといつもと違うルートで帰宅しようとすると、抵抗して戻ろうとしたり、ということがあるでしょう。

「いつもと同じにこだわる」ことで、子どもたちは自分にとって刺激や不安の少ない、見通しの持ちやすい状況を求めている場合があります。いつもと同じ手順や流れ、いつもと同じ日程、いつもと同じ物の配置であることは、子どもたちにとって「安心できる」場になるのです。

私が出会った子どもたちが困ってしまった場面では、

3時間目はいつもは図工なのに、運動会の練習に変更になった
ふだんは低学年音楽室で授業を受けているのに、今日だけ高学年音楽室に変わった
コンピューター室で、自分のお気に入りのいつもの席に座れなかった
幼稚園で、お外遊びの時間が雨で外に出られなかった
乳歯が突然抜けた

などがありました。

また、ワークシートでの作業中に、縦書きの用紙にもかかわらず、気づかずに横書きしていて、それを先生に指摘されたときに気持ちが受け入れられずパニックになった子もいました。

とくに気をつけてあげたいことは、発達障害のある子の場合、たとえば嫌いな科目の時間が好きな科目に変更になったとしても、パニックになる場合がありえるということです。大人からすると、大嫌いな算数がその子の好きな図工に変わったら「うれしいはず」という思い込みがありますが、その子にとってはとにかく思っていた状況と違う、ということに混乱してしまう場合があるのです。

さて、状況の変化に対して混乱しやすいことは、時間や空間の意味づけが苦手であることも影響しています。そもそも「ここはどこなのか?」「何をするところなのか?」「いつまでいる必要があるのか?」「この後どうなるのか?」を考えることが難しいのです。

情報を収集するには、さまざまな感覚を使用しますが、感覚の過敏さを持っている子どもたちは、その刺激の洪水に襲われてしまいます。その洪水に耐えながら必死に周囲の情報を収集して状況を把握しようとしますが、やっと「なんとなくつかめてきた」頃には、すでに状況は変化してしまっている、という場合もあるのです。

「曖昧なコミュニケーション」での苦労

親しい間柄ですと、「この前のあのことだけどさ」「ちょっとそれ取ってくれる」といった会話をすることがあります。こんなときには、文脈や場の雰囲気などから「あのこと」や「それ」が何のことなのかを私たちはだいたい読み取ることができます。しかし、このような「それ」とか「あれ」というのを読み取ることが苦手な方も多くいます。

発達障害のある子にとって、友だちとのコミュニケーションはとても大変です。子どもたちの会話には「あれやろっか」「わかった、じゃあ あの子も呼んでくるね」「そういうこと」といった言葉があふれています。

たとえば「やばい」という言葉の使われ方を例に挙げると、最近の子どもたちの間では、否定的な意味と肯定的な意味、両方で使われており、どちらの意味で言われているのかはその場その場で判断しなくてはなりません。「危険だ」という意味だけでなく、「やばい！」が「このデザートうますぎ」だとか「大好きではまりそう」という意味で使う場合があるからです。

また、「あれ、あれ！」と言う友だちの視線の先に歩いている女性の服装を見て、「この前ティーン雑誌見て彼女がほしがってたレギンスに似てる」と察し、二人で顔を見合わせニヤッとする、といったコミュニケーションも必要だったりします。

子ども同士の世界では、こういう複雑な、言語的・非言語的コミュニケーションを駆使しなくてはならないのです。相手と同じ視線で気持ちを共有するということは、とても曖昧ゆえに難しいものです。


中学校1年生のマイさんは、友だちグループとの会話の中で「シノブさん家のクリスマス会にみんなで出かけること」になったとわかりました。さてそこで、マイさんが困ったのは、自分も誘われたのかどうかが、わからないということでした。「一緒に出かけるのは、誰々」と具体的に確認したわけではないからです。それから、いつ、どこで待ち合わせなのかもはっきりしませんでした。

結局、グループの仲のよい友だちに確認することができ、マイさんも一緒に行っていいことがわかり「ほっ」としたのですが、さらに悩みが出てきました。お母さんと相談してシノブさんにプレゼントを持っていくことにしたのですが、幼稚園から今までずっと同じクラスだったシノブさんに何をあげたらいいのか、どんなものなら喜んでくれそうなのかが、まったく見当もつかなかったのです。

会話の内容が理解できても、相手の表情や身振り、手振りの意味を理解したり、言葉の間の意味や会話の流れをくみ取ったりすることは苦手だという子が多くいます。また、このような曖昧なコミュニケーションだけでなく、皮肉めいた表現を理解することが難しい人や、冗談がなかなか通じない、といったタイプも発達障害のある方の中にはいらっしゃるようです。

「言葉の意味」での苦労

勉強がとても得意でちょっと理屈っぽいアヤノさんは、先生にこう打ち明けました。

「先生、私、学校で、顔が大きいってよくバカにされるのよ」

「いやいや、ちっともアヤノさん、顔大きくないよ、むしろ小顔のタイプだけど」と先生が返すと、

「だって、私よく『おまえは頭でっかちだな』って言われるから」と答えました。

発達障害のある子の中には、興味のあることについての知識が豊富だったり、大人っぽい言葉でしゃべったり、学習の成績がいい子もたくさんいます。しかし、第1章のところでお話ししたヒビノさんが「朱肉」を知らなかったように、意外と「わかっているはずのこと」がわからないことがあるのです。

クリーニング屋さんで実習をしていたササキさんは、「ちょっと手を貸して」と言われて、文字通り「手」を貸すのかと思い、「はい」と同僚に手を差し出しました。

そうじ時間にぼーっとしていたシンくんに、生徒指導の先生が「おい、シン、ちゃんと手を動かせ！」と注意したところ、シンくんは一生懸命手を振り始めました。

女子生徒は、友だちと「秘密」を共有したがります。メグミさんは、お友だちから「ねえ、ちょっと耳貸して」と言われて、まじめに「耳はとれないから貸せない」と言ってしまい、女子グループから外されてしまいました。

前述のコミュニケーションの課題にも関係してきますが、経験や状況から言葉の真に意味するところを理解することが難しいので、言葉をすべて「文字通り」にとらえてしまう、という人にもたくさん出会います。

こういった行動が誤解を生み、「ふざけている」「バカにしている」「ちゃんとやらない」とまわりから非難を受けてしまうことがあるのです。「わかっているはず」と思わず、ていねいにかかわることが大切です。状況に適した行動をサポートするためには、「当たり前のこと」や「わかっているはずのこと」、あるいはその職場や学級にある「暗黙のルール」なども具体的に確実に伝えていく必要があるのです。

わかりやすい生活環境づくり

構造化

このような様々な生きにくさを持っている方々を、職場でサポートしていたとき、ご本人にとっても、私にとっても大変有効だったのが「就労環境を整えること」＝構造化でした。この「構造化」についてはたくさんの書籍が出版されていますので、専門的なことはそちらを参考にしていただくとして、ここではごく簡単に説明しておきましょう。

構造化とは、もともとはアメリカのショップラーという研究者が開発したプログラムです。自閉症のある人たちは、自分の周囲で起きていることの意味を理解することが苦手です。そこで、環境や情報を理解し、安心して自主的に行動できるように、環境を物理的に整えたり、作業や活動がわかりやすいようにイラストや写真を掲示したり、状況の流れが理解できるようにスケジュールを予告したりする、これが基本的な考え方です。就労支援では、たとえば次のような取り組みが非常に効果的でした。

①作業や活動をする環境を整える

発達障害のある方は、いろいろな刺激に敏感で、作業に集中できなかったり、混乱してしまったり、指示が通りにくくなりがちなので、集中しやすい環境や、なるべく刺激が少ない場所、作業の際の立ち位置などを工夫します。また、できる範囲で、作業ごとに場所や位置を変えるなどして、作業の切り替えがしやすいようにします。

②指示をする際の配慮

一度にたくさんの指示を出すと混乱してしまうので、指示を分割し、その人のペースに合わせるようにします。また指示が理解しにくい方の場合、ついついこちらが大声になってしまいますが、聴覚過敏のある方などは声の大きさに驚いて、内容をシャットアウトしてしまったりするので、指示する側が感情的にならないよう心がけます。

指示は「50枚ずつまとめて2段に積んで」「ロールタオルの作業を30分間行います」など数字を使って具体的にわかりやすくします。

③「流れ」をわかりやすく

発達障害のある人は、活動の見通しを持つことが難しく、不安になったり、混乱したり、思考が止まったような状態になりがちです。

そこで、予定、手順をカードにして視覚的に提示する、ゴールを明確にする、といった配慮を行います。とくに予定変更の場合、気持ちの切り替えに十分な時間を確保することが大切です。

このように、その人だけを指導したりトレーニングしたり、変えようとするのではなく、その人と環境との相互作用でサポートを考え、環境を整えていく視点を「環境とのマッチング」といいます。

実はこうした構造化は、発達障害のある子どもにも有効なことがわかっています。しかしときどき、構造化に反対する先生に出会うこともあります。「社会に出たら、一般社会は構造化されていないから」というのがその先生方の意見ですが、実は世の中はずいぶんと構造化されているものです。たとえば、電車やバスを待っているときは、次の電車の時間をホームの電光掲示板で確認できますし、銀行や郵便局では、自分の番号札を受け取り順番を確認することができます。病院では、廊下の色分けされた矢印をたどると行きたい病棟や診察科まで行くことができたり、駅のホームで電車を待つときは、3ドアの電車は黄色、4ドアは赤の乗車位置で待てばよかったり、という具合です。

このように社会もどんどん便利になって、並び方や待つ位置などを視覚的に確認できるようになっているので、子どもたちが通う学校で多少の構造化を取り入れることも、そう抵抗すべきことではないと、私は思います。

子どもの環境を整える

このような構造化の発想は、日本の特別支援学校や特別支援学級、通級指導教室でも一部取り入れられています。もちろんご家庭や通常の学級でもうまく導入することによって、発達障害のある子をさりげなく支援することができます。

構造化は、その子の生活している環境を過ごしやすい、学びやすい、コミュニケーションしやすいように整え、その子の持つ力が発揮されやすい状態にすることです。その子の本来の力や「いいところ」が発揮されるためには、家庭やクラスにおける生活の決まりごとや「当たり前のこと」、暗黙のルールをわかりやすく視覚的に提示する、という方法が効果的です。それによって、子どもが「どう動けばよいか」を判断しやすくなります。

通常の学級でできる構造化というのは、一定のルールのある中で、所属する皆が気持ちよく生活できる程度に環境を整えることだと私は考えています。というのは、私たちにとって駅の電光掲示板や銀行の番号札が便利であるのと同じように、発達障害のある、なしにかかわらず、あらゆる子どもたちにとって、構造化は効果的な援助になると思うからです。

構造化というと、「時間」や「空間」の構造化がイメージされやすいですが、もちろん「人間の構造化」も大変重要なポイントです。前章で述べたように、ほめる、しかる、はげますときには、声のトーン（音刺激）や表情やハンドサイン（視覚刺激）、スキンシップ（感覚刺激）などが、その子やその時間、その空間に適切な刺激となっているか、の検討がとても大切なのです。

伝えたいことをわかりやすく

大人が子どもに何かをしてもらいたいときには、そのことをわかりやすく伝えられるよう心がけなくてはなりません。

私は指示をするときの留意点を次のように考えています。

①その子の注意を十分ひきつけてから、指示する

低学年の子などには、クラスみんなに投げかけたつもりの先生の言葉が「自分に言われたこと」として受け止められない子もいます。また、いろいろなことに関心が向いていて、大人の方に顔を向けていない子もいるでしょう。ですから「はい、みんな鉛筆をおいて、

先生の方を見て！」「これから言うことをよく聞いてね」と、全体の注意をひきつけてから指示を出します。

さらにていねいに声かけする必要があるなら、全体への指示が終わった後、子どものそばに近づいて個別に指示を伝えましょう。

家庭でも、離れたところや後ろから声をかけると、子どもに声が届いていないことがありますから、大切なことを伝えたいときはそばに行って、その子の正面から、こちらに注意を向けさせて話しかけます。

②指示ははっきり、具体的にわかりやすく

せっかく子どもたちが聞こうとしても、大人の指示の内容が理解しにくかったら、「何をすればいいのか」が、結局わからなくなってしまいます。指示はていねいにはっきり、わかりやすく、を心がけます。

ある小学校1年生のクラスにおじゃましたところ、体育の時間、先生が「となりの子に気をつけて離れなさい」という言葉で指示していたのですが、子どもたちはみんな困っていました。「まず両手を広げてごらん」「となりの子とぶつからないくらいに離れるんだよ」と具体的に指示してほしかったのですが、その指示が通らないと先生は、さらに「どうしてできないの！」と怒りはじめました。子どもたちを責める前に、まず、自分の指示をわかりやすく工夫すべきでしょう。

③重要なポイントはとくに強調する

発達障害のある子は、たくさんの情報の中で、「何がポイントか」「どこが一番重要なのか」をつかむことが苦手だといわれています。上手な先生の授業を聞いていると、「今日のポイントはここだよ」とか「これは忘れてはダメだよ」と大事な情報を強調してくれます。伝えたいことには強弱をつけるように意識する必要があります。

④言葉だけでなく、目で確認できるように

より明確に行動を支援するためには、言葉による指示だけでなく、「どう行動したらよいか」のお手本を見せてあげる、メモやカードなどを使って指示された内容を自分で何度も確認できるようにする、マークや印をつけて、待つ位置や移動する先がわかるようにする、といった視覚的な配慮を心がけましょう。

活動の流れをわかりやすく

活動の見通しを持てるように、「これからやるべきこと」について流れを追いながら説明すると共に、やはり写真、絵など目で確認できる情報を提示するようにします。

また子どもたちは急な予定の変更があると、混乱する子が多いので、できるだけ直前のスケジュールの変更は避けるようにします。変更しなければならない予定については、かなり前から確認できる、何度も視覚的に確認できることがサポートのポイントになります。

パニックを減らすために

前述のような配慮をしたとしても、ご家庭や学校生活では、どうしても急な予定変更は避けられないので、場合によっては子どもがパニックになってしまうこともあるでしょう。

また他にも、子どもたちがパニックになってしまうときには、急な予定変更だけでなく、今やるべきことや状況がわからない、自分の予想や思いと現実の状況が違う、苦手な感覚刺激に遭遇する、過去の嫌なことを何かのきっかけで思い出す、などの原因があります。

パニックを減らすためには、その子にがまんさせるのではなく、先ほどから述べているように、見通しを持たせたり、気持ちを切り替えたりする方法が有効です。つまり、「パニックが起きてからの対処」ではなく、「パニックを起こさせない環境づくり」が大切なのです。

まず、パニックのきっかけとなる要因を整理し、それをなるべく取り除くようにします。その要因が感覚の過敏であるならば、苦手な音、におい、感触、人などへの状態を理解し、それが極力ないような環境づくりを工夫するわけです。また、不安定になった心を落ちつけるような言葉がけを行います。

それでもパニックが起こってしまったら、子どもを一時的にその場所や場面から切り離し、別の部屋に連れていくなどして、気持ちを切り替えられるようにします。これを「クールダウン」といいます。パニックは本人にとってとても混乱している状態ですから、ただ「落ち着いて」と声をかけられても、すぐにそれに従うことはとても困難です。ですから、場所や場面を変えることで、気持ちの切り替えを後押しする、というわけです。パニックを起こしてしまいがちな子どもの場合は、あらかじめクールダウンの場所を確保しておくとよいでしょう。

パニックについては、家庭ではその子に合わせた対応ができますが、学校の中では「がまんさせればいい」「甘えている」とする意見も出やすいので、ぜひ職員間の共通理解のもとで、同一の対応やサポートを行えるように校内体制を整える必要があります。

私の仲間が「感覚過敏の子にがまんさせるということは、花粉症の人が杉林の中でがまんさせられることよりつらいものだ」と言っていました。ぜひ、そのような扱い方だけは避けていただきたいものです。

落ち着いて過ごせるよう手伝う

集中して課題に取り組むことが難しい、考える前に、思いつくままに行動してしまう、大人の話を最後まで聞けない、待てなかったり、順番が守れなかったりする、といったタイプの子どもたちも多いため、強く叱責することがついつい増えてしまう場合があります。

もちろん、本人やまわりの子が危険になるような、反社会的な行動については、その場で強くていねいに指導しなくてはなりません。しかし、それと同時に、環境を整え、掲示物、雑音など活動の集中を妨げるものは取り除き、場所や場面を落ち着きやすいものに工夫します。

また、子どもを待たせる場合には、「大事な説明があと2つあります」あるいは時計やタイマーを使って「あと3分たったら聞きます」、「君の順番は5番目だからね」などといつまで待てばいいか、の見通しを持てるような声かけをしましょう。

大人の方に顔を向けて話を聞けているときには、その態度をなるべく具体的にほめてあげることで、適切な行動を定着させていく方法もよいでしょう。

学校生活を過ごしやすく

ここでは、先生方が学校場面でより細やかなサポートを行うためのヒントを整理していきたいと思います。もちろん、これらの方法を一度に全部実施してしまったりすると、情報が多くなりすぎて逆に混乱を招くことがあります。その子やそのクラスに合わせて、適度な支援をうまく組み合わせていくことをお願いします。

①教室の環境への配慮

教室内の過剰な装飾物などは減らして、刺激を少なくする

掲示は最低限にし、とくに黒板やその周辺には不必要な掲示物を貼らない

授業で使うものと使わないものをあらかじめ指示し、不要なものはかたづけさせる
机や椅子の足にテニスボールをはかせるなど、雑音への配慮をする
他の生徒についても授業中静かにするよう指導し、集中しやすい環境にする
苦手な音からはなるべく離す

②学習活動の配慮
時間割の変更は、できるだけ前日までに知らせる
1時間の授業構成（勉強のスケジュール）を先に子どもに説明し、提示する
活動や作業の手順はガイダンスする
作業や活動時間を提示し、進行を確認できるよう時計やタイマーを使う
プリントは、子どもに合わせて問題数を調整、いくつかのバージョンを用意する
課題が早く終わった子のためのお楽しみドリルなどを準備し、ざわざわさせない

③生活や役割行動での配慮
発言や発表の約束ごとを決めておく

給食をお代わりするときのルールを決めておく
その日の給食当番やそうじ当番の仕事は、役割を一人ずつ明確にする
そうじ用具のかたづけ方を絵や写真で示す
そうじをする場所に、手順表や使う道具をイラストなどで示す

かたづけがしやすい工夫

学校におじゃまするると、整理整頓の苦手な子どもによく出会います。机の上だけでなく、机の中にも、周辺にも、物があふれていて、どこからかたづけていったらいいか、途方にくれてしまいます。そんなときは、ただ「きちんとかたづけて」「ちゃんと整理しなさい」といった声かけよりも、自分でかたづけやすいような環境を用意してあげましょう。

まずは、物を戻す定位置を決めることです。この際、視覚的なヒントとして、机の中の整理の仕方を写真やイラストで教室内に掲示します。また、かたづけはよく帰りの会に行われますが、帰宅することに気持ちが向いてしまって集中できないことがあるので、別な時間に意図的に全体での「かたづけタイム」を設けるとよいでしょう。できれば、「あとでかたづけておいてね」という声かけでなく、大人がつきそって「今、かたづけなさい」

とタイミングを知らせ、それを見守ることが望ましいのです。

机の中やロッカーなどは、定期的にチェックし、中の物を子どもと相談しながら整理し、一定量を残して、あとは捨てさせる方法をとります。このように物を取り出しやすく、戻しやすくすることでかたづけをサポートすることができます。

自分で選ぶことの大切さ

あるお子さんが学校生活で苦しんでいるので、いくつか「目で見て確認できるようなヒントを掲示していただけませんか?」とお願いしたところ、担任のカザマ先生から「そういうことをすると自分でものを考えなくなる」と拒否されたことがあります。カザマ先生は、世の中の厳しさを教えるため、本人の「がんばり」に期待したのです。しかし、残念なことに、その子はますますパニックの回数が増えてしまい、さらに先生にしかられてしまう、というつらい悪循環の中で過ごしました。担任の先生が代わって、「その子がわかりやすく、見通しを持ちやすいように」サポートしてくださったところ、すーっと「直してほしい行動」が減ったのでした。

では、なんでもかんでもイラストや写真にし、教室にどんどん掲示したらいいのか、というとそうではありません。発達障害のある子の場合、たくさんの視覚的刺激がその子の集中を妨げることがありますし、たくさんの掲示物から「今守るべきルール」を探し出す、ということも難しくなります。ですから「ほどよい構造化」というのが求められるのです。

構造化はあくまで、その子が過ごしやすく、その子の持っている能力が発揮しやすい環境づくりを目指すものであり、大人にとって扱いやすい、操作しやすい子どもをつくることが目的ではありません。ですから、支援を計画するときには、大人が楽になるような、大人にとって都合のよい方法に流れていないか、を再考していただきたいと思います。

そして、家庭や学校において、その子がまわりから感謝されるような役割を設定し、さりげなく応援して「認められること」の喜びを味わってもらうことや、何か行動するときに選択肢を用意して、本人に選んでもらうといった「自己決定の場面」も大切にしていくことが望ましいと思います。

私が心配なのは、大人からの援助過多になってしまい「プロンプト（手がかり）依存」に陥り、子どもが自ら考えなくなってしまうことです。こう書くと、先ほどのカザマ先生の言葉も正しかったように受け取られるかもしれません。

しかし、私はカザマ先生のようには思いません。適切なサポートとは、最初から手がかりをゼロにして、子どもに「自分の根性」で乗り切らせることではなく、最初は視覚的な手がかりや声かけをていねいに行い、その子の成長や変化に合わせて、徐々に計画的に支援を減らしていく、つまりフェイディングしていく方法だからです。よりささやかな手がかりをヒントに自分で考え、選び、行動していくことで、自分の行動に責任を取ることができる、そんな成長をサポートしていきたいのです。

では最後に、この章の冒頭で質問したサポートクイズの答え合わせをしましょう。ここまで読んでいただきますと、答えはもうおわかりですね。

サポートクイズ①

新しい活動に取り組む場面では、図やイラストなどを使って流れを追いながら説明し、活動の見通しを持てるようにする（〇）

サポートクイズ②

子どもが大きくなってから臨機応変に行動できるよう、スケジュールの変更は直前に伝えるようにするとよい（×）

サポートクイズ③

具体的なマークや印によって、子どもが立つ位置や待つ位置がひと目でわかるようにするとよい（○）

サポートクイズ④

子どもを待たせる必要があるときは、事前に「いつになったらできるか」を伝えるように配慮する（○）

サポートクイズ⑤

たえず緊張感を持たせるため、指示は一度しか言わないように心がける（×）

サポートクイズ⑥

言葉だけの指示ではなく、どうしたらよいか具体的な活動のモデルを提示するようにする（○）

サポートクイズ⑦

こだわっている物や行動については、早いうちにどんどん取り上げたり、打ち消したりするとよい（×）

サポートクイズ⑧

苦手な音、におい、感触などを把握し、それらを克服できるように日々苦手な刺激を与えながら特訓するとよい（×）

サポートクイズ⑨

子どもが悩まなくてすむよう、自分で選んだり、決定したりするような場面は極力つくらないようにする（×）

サポートクイズ⑩

子どもが担当できる係の仕事など役割を設定し、さりげなくサポートするとよい（○）

第5章

特別支援教育って「特別」なこと？

「特別であって特別でない」子どもたち

ここまで読んでいただくと、発達障害のある子どもたちの「つらさ」や「困難さ」の一部に触れていただけたのではないでしょうか。それと同時に、皆さんにとってはもしかして「遠い存在」であった彼らと自分たちには共通した部分もある、と身近に感じていただけたかもしれません。

発達障害と向き合っている人たちは、私たちと重なる部分を持っている人たちでもあり、また私たちが味わうことのない苦しみに直面している人でもあるのです。

そんな、「特別であって特別でない」子どもたちが、学校生活の中で「自分らしく」過ごせるよう、支援させていただくのが特別支援教育だと私は思います。しかし、そう簡単にはいかない現実があるということも含め、本章では「特別支援教育」について考えていきたいと思います。

特別支援教育が取り組むべき課題

「特別支援教育って障害児のための教育ですよね？　うちの学校には特別支援学級はないから関係ないです」

ある地域に講演におじゃました私に、お出迎えしてくださった校長先生がそうおっしゃいました。ここで質問です。

Q．特別支援教育は通常の学級でも取り組んでいくべきである。

①はい
②いいえ

ここまで読み進めてくださった皆さまなら、もう答えはおわかりだと思います。

そう、通常の学級において、特別な配慮や工夫が必要な児童・生徒は6・3％、16人に一人の割合ですから、当然、特別支援教育を実施する必要があるわけです。

答えは、「はい」です。

人手も、時間も、足りない学校現場

では、小・中学校では、どのような課題に取り組んでいるのでしょうか？

【子どもの課題】

◆授業中立ち歩く、集団行動ができない
◆授業やそうじなどに参加せず、教室を抜け出す
◆授業中にさわいだり、相手を傷つけるような言葉をひんぱんに言ってしまう
◆先生や友だちの話を最後まで聞かず、勝手に行動する
◆勝ち負けのあるゲームやスポーツでパニックを起こす
◆行事などによる時間割り変更などで混乱する
◆物の管理が苦手、忘れ物が多い

そのような課題が山積している中、学校の先生方は困っている子を目の前にして、こう

感じてくれているのです。

「この子に何かできることはないだろうか？」

しかし、同時にこうも思ってしまう先生方を、責めるわけにはいかないのです。

「でも、この子だけとかかわっている時間はなかなか取れない。私には、他に30人以上のクラスの子どもたちがいる」と。

個別にかかわる必要のある子が何人か在籍しているクラスにおいては、誰かに対応していると別なところで問題が起きて、そのことにかかわっているとまた……といった具合に、もぐら叩きのような感じの対応にならざるを得ないことも多いのです。

学級の状況はそれだけではありません。落ち着いていたはずの子が、まじめだった子が、勉強の得意な子が、あるとき突然不安定になり、問題行動を示すようになります。

また、発達障害のある子をからかったり、挑発したり、追い込んだりして、それを楽しむ、といった子どもたちも、中にはいるのです。

そんな現状を知らない外野に「もっと一人ひとりをていねいに」「専門性を磨いて」「個別の時間をつくって」などと要求されて、先生方は追い込まれています。

もったいないことに、まじめな先生、子どもの気持ちがわかる先生、教育に熱い思いのある先生であればあるほど、より追いつめられてしまい、病休に入られたり、辞職されたりするような事態も起こっています。

配慮が必要なのはその子？　それともクラス？

発達障害のある子のサポートでは、「その子を」どのように指導しようか、「その子を」どうサポートしようか、ということが専門家のテーマになりがちです。しかし、学級の中では、その子の問題行動を強めてしまうような状況があって、先生方の負担をさらに強めているのです。

小学校4年生のカズキくんは、高機能自閉症の特徴を持っています。彼は体育の授業やクラスのレクリエーション活動などの場面で、ルールにこだわること、自分が一番になることや勝ち負けにこだわることが課題となっています。

カズキくんは、ときどき「もうイヤだ、一生やらない！」などと言ってしまうことがあります。すると必ずまわりの子が「おう、お前なんか二度とやるな！」「ウザイ」「ざけんな」などの言葉を一斉に浴びせかけるので、カズキくんはさらに激しく興奮してしまいます。

カズキくんが最初の興奮を見せたとき、もし、まわりの子が「気にするなよ」「一緒にやろうよ」などと言ってくれたらどうでしょうか？　もしかしたらカズキくんが気を取り直して活動に戻れるチャンスが増えたかもしれません。しかし、まわりの子が彼を刺激し続ける状態が変わらないのであれば、たとえカズキくんに個別の支援をしても結果が無駄になってしまう可能性が高いといえるでしょう。

通常の学級において発達障害のある子へのサポートを行うとき、どうしても私たちは「その子」一人にだけ焦点を当て、その子をどうやって成長させようか、あるいは問題行動を起こさせないよう指導するか、だけを考えてしまいがちです。

しかし、多様な子どもたちの集団である通常の学級においては、気がかりな子の持つさまざまな課題を、より困難により複雑にしてしまう「環境からの影響」はきわめて大きいわけです。サポートを考えていく際には、まず子どもと学校・学級環境との相互作用をとらえていくことが不可欠だということをおわかりいただけたでしょうか？

特別すぎる支援にも配慮を

さて、特別支援教育というと、なにか特別なこと、専門的なことをすることが重要だとお思いかもしれませんが、あまり現場から乖離した支援をしてしまうと、さらに混乱が生じてしまうことがあります。

小学校1年生のヒビキくんは、ADHDの診断を受けています。授業中に落ち着きがなく、なかなか集中して活動に参加できません。悩んだ担任の先生は、お母さんと一緒に病院に行き、主治医の先生に相談しました。

主治医の先生は、教室の後ろに「つい立て」でフリースペースをつくり、ヒビキくんが席を離れたくなったら、このスペースの中で好きな課題をさせるように、とのアドバイスをくれました。この、落ち着きがなくなった子を別室に連れて行き気持ちの安定を図る、という手法は、専門機関で用いられる手法です。これを通常の学級で応用し、教室の中に「気持ちの安定を図るスペースをつくる」というのがねらいでした。

主治医の先生の指導のもと、担任の先生は早速、ヒビキくんやクラスメイトに説明してスペースをつくりました。

最初は納得していたクラスメイトたちでしたが、ヒビキくんが「つい立て」の中に入ると、そちらの方ばかり気にするようになりました。そして「やっぱりずるい」「ぼくも入りたい」などという声がたくさん聞かれるようになりました。ついには、授業中に離席する子どもたちが3人ほど見られるようになりました。


このフリースペースは、クラスの子どもたちにとって「まるで秘密基地のよう」だったのです。ヒビキくんだけ特別に入ることを許されている、と頭では納得しても、まだ小学校低学年の子たちにはうらやましい気持ちの方が勝ってしまうことを、誰か責めることができるでしょうか?

他のクラスメイトはがまんして当然だ、話せばわかる、という、大人の勝手な理論では、適切なサポートを計画していくことは難しいといえるのです。

「話せばわかってくれるはず」は本当か？

ヒビキくんの例については、「まわりの子にきちんと障害を説明していないから失敗したのでは」というご意見があるかもしれません。専門書やテレビには、「その子の障害についてきちんとまわりに理解してもらう」ということを実践し、成功している事例がよく紹介されます。もちろんそれらの事例のように、素晴らしい専門家が完全にバックアップしてくれて緻密な計画の基に実施し、フォローアップもていねいならばいいのですが、それでもなかなかうまくはいかないことも意識しなくてはなりません。

ミズキさんはＬＤのある小学校５年生です。彼女には読みの苦手さがあり、書字にもつまずきが見られます。

ミズキさんはおっとりした性格のため、クラスの子からからかわれることがありました。それが気になった担任の先生とお母さんは、ミズキさんを理解してもらおうと、クラスの子どもたちにＬＤについて説明をしました。とても熱心に聞いてくれた子どもたちは感想をたずねられると「大変さがよくわかりました」「かわいそうと思った」など、ミズキさんへの理解を示してくれました。

クラスメイトの一人、エリさんはその日家に帰ると「お母さん、ミズキさんってなんとかディーってショーガイなんだって」と伝えました。エリさんのお母さんは「わあ、キモい。それってなんか新聞に載ってたやつじゃない？　あんた、あんまり近づかない方がいいかも」と言いました。翌日にはエリさんの仲良しグループにそのことが広がり、前日とはうってかわってミズキさんを「はずす」ようになりました。

クラスへの働きかけを考える際には、目の前にいる子どもたちだけでなく、その背景にいる保護者についても十分検討する必要があります。子どもたちの中に素直に新しい情報を取り入れる心があっても、その心はそれぞれの家庭の力に強い影響を受けるからです。

発達障害に対する一般的な理解が進んでいない地域も、まだまだあります。その子を周囲に理解してもらいたいがために「障害名を知らせる」ことが、逆に単なるレッテル貼りになって、その子に不利益になってしまう危険性に十分配慮しなくてはならないのです。

このように、学級におけるさまざまな取り組みを活かすためには、その学校のある地域の文化、学校の文化、保護者の文化、を十分考慮した上で、その学校独自の支援体制を構築していくことが不可欠なのでしょう。

通常の学級でサポートを受ける子どもの気持ち

通常の学級でサポートを行う際に、まず何よりも配慮すべきなのは、サポートを受ける本人の気持ちです。ここをおろそかにしてしまったサポートは、発達障害のある子をサポートするつもりが、反対にその子を苦しめたり、追い詰めてしまったりする危険性をはらんでいます。

ジュンくんは、自分の思い通りにならないことがあるとパニックになってしまいます。学校と保護者とで検討して、区からジュンくんのために支援員を派遣してもらうことにしました。支援員の派遣初日にちょうど彼の苦手な活動があったので、担任の先生は早速対応してもらいました。支援員さんが上手にジュンくんを空き教室に連れて行き、落ち着かせることができたので、皆でほっとしていました。

しかし、まわりの子が「ジュンくんのために来てるんだよね」「ジュンくんは病気なんでしょう」と言ってくるので、支援員さんは困ってしまいました。そのうちジュンくんも「恥ずかしいからこっち来るな」「お前のせいでバカにされるじゃねえか」と支援員を拒否するようになりました。

人手が不足している学校現場において、先生以外の支援者として支援員や介助員を派遣してくれる市町村のシステムは大変心強く、それが適切に導入できれば、子どもをサポートする手立てとしては大変有効です。ただし、通常の学級で活用する場合には、かなりの配慮が必要なのです。

まだまだ通常の学級では「皆と違うこと」「新しいこと」を受け入れるのに時間がかかります。そこで、新しい支援の取り組みを導入する際には、事前に本人に確認し、ある程度納得してもらわなくてはならないし、また、支援員をどういうふうにクラスで受け入れたら自然な動きができるのか、も考慮しなければならないのです。

その際、どうしても本人がその支援を拒否したとしたら、無理強いはせず別な方法を検討しなくてはなりません。子どもたちを応援するときに最も優先させるべきなのは、「その子の気持ちやプライド」です。とくに小学校高学年や中学生になると「皆と違うこと」

をするのは大変勇気がいることだからです。

通常の学級での支援では、その子をクラスの中で「浮かせない」ためにどうサポートするか、が重要なポイントなのです。

発達障害のある子をとりまく課題

これまでお伝えしてきたように、医療機関や訓練施設で考えられ、効果もあがっている個別の支援を、通常の学級で同じように導入するのが難しいのはなぜでしょうか？

それは、個別の配慮や特別な支援を、その子だけでなくクラスの子どもたち全体が必要としているからです。ですから、特定の子どもへの対応を変えただけでは、クラスをおさめきれないということになります。そこに今の先生のご苦労がある、と私は考えています。

よく観察して見ると、発達障害のある子のまわりには、さまざまな問題を示す子どもたちが見られます。その特徴を以下に挙げてみたいと思います。

①問題行動を真似する子

たとえば、発達障害のある子の中には、器質的な課題や学習の苦手意識から、長い時間着席しているのが難しい子がいます。発達障害のある子は、わざとやっているのでも、わがままなのでも、先生に反抗しているのでもありません。しかし、そんな姿を見て、ちゃんと授業を受けていた子どもたちが、その子の真似をするようになってきます。そしてそんな子があっという間に、どんどん増えていきます。

そういう子どもたちが増えてくると、学級経営が成り立たなくなります。あちこちでフラフラする子が出始め、一人の先生では対応しきれないようになります。

このような模倣犯的な子どもたちの多くは、「授業がつまらない」「わからない」と感じていることが多く、すぐに楽しそうな、面白そうなことに気をとられてしまいがちです。また、基本的な生活習慣が身についていない、深く考えず行動してしまう、という傾向があります。

②わざと刺激する子

「わざと刺激する子」は、相手の一番嫌がることをする子どもたちです。その子が興奮しやすいキーワードをよく知っていて、絶妙なタイミングでからかうので、発達障害のある子はがまんできず興奮してしまいます。先生がその関係に気づいて、活動場面などでなるべく遠ざけるように配慮しても、すぐに発達障害のある子に近づき、刺激するのです。

このような「天敵」タイプの子どもたちの場合、勉強はそこそこできますが、授業中すぐ余計なことを言ったり、先生や友だちの失敗を追及したり、とマイナスの方向で頭の回転がよい、という残念な特徴を持っています。また善悪の判断が弱く、意外と他の人の意見に流されやすい傾向があります。先生が注意するとすぐ言い訳を言ったり、「だってオレだけじゃないもん」と主張するタイプが多いようです。

③影でコントロールする子

このタイプの子は、どうも勉強はよくできる子だったり、地域のスポーツチームで活躍していたりすることが多いようです。頭はいいけれど、心が育っていないような子です。勉強は塾で学校より先に進んでいるので、授業なんかつまらない。そんなときに、興奮しやすい子をねらって刺激するのです。その子が興奮してパニックになった後、「影でコントロールする子」はスーッとその場から立ち去ります。そうすると、先生が来たとき、その子だけ一人で騒いでいるかのような状況がつくりだされます。

中学になると、自分がパニックを起こさせておいて、そのパニックになっている生徒をまた先生の前でなぐさめてみせる、かばうような発言をする、といった巧妙な子も見受けられます。

このような「影の指令塔」的な子どもは、発達障害のある子をからかい、爆発させるまでの過程を楽しみ、それに成功すると急に気持ちが冷めてしまいます。②の「天敵」的な子と違って、いつまでもトラブルに便乗することがありません。その分、かなりクールだと言えるでしょう。子どもたちの中では仲間に威圧感を与えていますが、大人と子どもの前で巧妙に態度を変えることができるので、担任の先生であってもなかなか彼らの存在をキャッチすることは難しいようです。

④トラブルを期待する子ども集団

これは、現場の先生から教えていただいたことです。自分たちは直接手を下さないけれど、「今日もなんかトラブルが起きないかな」と楽しみにしているギャラリー的なグループが、クラスの中にいるそうです。

そんな彼らの期待に応えるかのように、「わざと刺激する子」や「影でコントロールする子」が、配慮を要する子を挑発します。その様子を楽しんだり、授業が中断した隙に便乗して勝手なことをしたりして楽しむのです。

そして、そういう集団は、次第に担任に反抗的になり、学級崩壊の火種になることがあります。

「ふわっと言葉」によるサポート

「わざと刺激する子」などは大人も驚くような言葉を使います。「死ね」「ウザイ」「キモい」など、発達障害のある子でなくてもムッとしたり、ドキッとしたり、中には傷つく大人がいてもおかしくないくらいです。私はある保育園におじゃましたとき、幼い子どもたちから「ジジイ、どっから来たんだ」「そばによるんじゃねえ、殺すぞ！」などと言われたことがあります。

私は、このように相手を傷つける言葉を「チクッと言葉」と呼んでいます。

子どもたちから聞いた「チクッと言葉」

バカ、死ね、しょぼい、のろま、むかつく、
何やってんだよ、お前のせいだぞ、あ〜あこぼした、お前だけだぞ

こういった心に刺さる「チクッと言葉」が多く聞かれるクラスでは、子どもたちの心が全体的にすさんでいます。

一方、発達障害のある子が落ち着いて過ごしているクラスでは、「大丈夫だよ」「待ってるよ」「いいんじゃない」といった、ほっとする言葉が聞かれることが多いのです。

このような言葉を「チクッと言葉」とは反対の意味で、「ふわっと言葉」と呼ぶようにしています。

子どもたちから聞いた「ふわっと言葉」

気にしないでいいよ、大丈夫、一緒にやろう、よかったね
さすが〜、ナイス、すげえ、やるな

最近の子どもたちは、人を傷つける言葉はたくさん知っているのに、人をはげます言葉や、人を元気にする言葉は持っていないことが多いのです。

また、ふだん先生方が発達障害のある子に対してしている言葉かけが、そのままクラスの子どもたちのモデルになっているということを、先生方には常に忘れずにいていただきたいと思います。なぜなら「何やってんの、いつも遅いよ」「あなたはいつもできないんだから」などという先生の口癖を、「ミニ先生」となった子どもたちがそっくり真似て使っている様子をよく目にすることがあるからです。

先生がよく使う「チクッと言葉」

「また、あなたなの？　いい加減にして！」

「どうして、こんなこともわからないの？」

「みんなは、〇〇さんのようになっちゃダメですよ」

「本当に赤ちゃんなんだから」

「1年生（幼稚園）からやり直せ！」

「あなたの話はもうたくさん」

「ほら、やっぱり！　失敗すると思った」

「どうせ、これもあなたのしわざでしょ」

「君の話は信用できないわ」

「あ～あ、だからさっきやっとけばよかったのに」

「もういい、クラスから出て行って」

「忘れ物チャンピオンね」


では、ここで再び質問です。皆さんも考えてみてください。

Q．あなたの思いつく「ふわっと言葉」をあげてみてください。

（自由回答）

「ふわっと言葉」は、心に貯金される

相手をほめたり、認めたり、感謝することを、心理学では「プラスのストローク」と言うことがあります。ストロークにはプラスとマイナスがあり、ふわっと言葉は「プラスのストローク」、チクッと言葉は「マイナスのストローク」ということになります。

このストロークは貯金にたとえることができ、人からたくさん「ふわっと言葉」をかけてもらえば、その子の中にどんどん蓄積され、相手への優しさや感謝のエネルギーとなります。また私たちも、プラスのストロークを人に与えていくと、それは自分の中に蓄積され、さらに、ブーメランのようにめぐりめぐって自分のところに戻ってくるのです。「情けは人のためならず」という言葉同様、人に対して行ったプラスのストロークが自分のところに戻り、また自分を勇気づけてくれる、ということなのです。

ですから、通常の学級において欠かせない支援とは、クラスの中に、ふわふわした、やわらかい、あたたかなストロークをたくさん増やしてあげること、そして、子どもたちが持っているボキャブラリーに「ふわっと言葉」の「貯金」を増やしてあげることだと思います。そのことがクラスを育て、「みんな違ってみんないいクラス」「あたたかなやわらかいクラス」ができあがっていくのです。

特別支援教育というと、個別指導や心理学的知識が重視されがちですが、私はなにより「クラスの雰囲気をやわらかくすること」こそが大切だと思っています。

学級経営の中で、クラスの雰囲気をいかにやわらかくしていくかを考え、実践している先生方がいらっしゃいます。たとえば、子どもたちがお互いの「いいところ」を見つけあう学級活動や、遊ぶときに仲間を誘う方法を一緒に練習する体験授業などを通じて、友だちのよさを見つけたり、相手の気持ちを考えたりすることの大切さを学ばせることを実践されているのです。

そういう働きかけをていねいに行って、発達障害のある子どもたちをうまく支えていくような、「あたたかい」クラスをつくっていくと、前述のような「わざと刺激する子」がいなくなってきます。

実践されている先生方の中には「発達障害についてはよく知らなくて」と謙遜される方もいますが、実は、その先生の学級経営の巧みさ、集団の上手な動かし方によって、多くの子どもたちが救われているのです。

まわりにいる私たち大人が、子どもたちの「よいモデル」として、他の人との気持ちよいかかわり方を示していけば、それは自然とクラスの子どもたちに浸透していくものです。

そして、子どもたちに、あたたかい言葉の「貯金」を増やしてあげるためには、私たち自身が、自分の言葉を磨き、たくさんの勇気づけの言葉、はげます言葉のレパートリーをもっと増やしていく必要があるのです。

サポートの必要がない子はいない

このように、学校現場は発達障害のある子だけをサポートする状況にあるのではないのです。「問題行動を真似する子」も、「わざと刺激する子」もそれぞれの課題やつまずきを持っています。そして、その子たちもまた、プラスのストロークをたくさんプレゼントしてあげるべき子どもたちです。

私は、通常の学級において最も大切なこと、それは「学級の安定を図る」ということだと思います。子どもそれぞれの個性に合わせた指導を工夫するその前に、まずクラスの子どもたちとの信頼関係を築き、集団の楽しさ、勉強の面白さを教えることが支援のベースだと言えるでしょう。

発達障害のある子だけでなく、問題行動を真似する子どもたちも、授業中次に何をやったらいいのか、どう動けばいいのかがわからないと混乱してしまいます。混乱する子どもが多いと、おのずとクラスの雰囲気は落ち着かなくなるわけです。そのうち、勝手におしゃべりする子や、手いたずらする子、ウロウロ立ち歩く子も出てきてしまうことは容易に想像がつきます。そんな環境は学級のすべての子どもにとって不安定であり、また「他の子もやっているんだから自分も」と感じさせてしまう場合もあるでしょう。

クラスの雰囲気からざわざわとした混乱をいち早く取り除くことで、配慮を要する子たちも落ち着いて過ごせる環境ができあがるのです。そのためには、クラスの共通したルールや基準を決め、子どもたちが「どう動いたらいいのか」という具体的なスキルを提示する必要があります。

一緒に育ちあうクラスづくり

クラスの子どもたちが一緒に活動していける雰囲気をつくるために、教師は意識的にやわらかい・あたたかい学級づくりを心がけていく必要があります。

そのためには、年度当初からクラスの子どもたちと「どんなクラスをつくっていきたいか」ということを話し合っていくことが大切になるのです。

このような意識的なかかわりだけでなく、学級の雰囲気というのは教師が自然なモデルとなっているのは言うまでもありません。「この班はいつも遅いわね」「またできなかったの」といった教師の声かけが多いクラスでは、うまくできないこと、失敗することは「良くないことである」という感覚が強くなり、お互いの失敗を責めあう雰囲気になりかねないのです。教師ができる限り児童・生徒のポジティブな面に注目し、声かけしていくことによってお互いが許しあう、認め合うクラスが育ちます。

たとえば、単に活動の結果を評価するだけでなく「この班はニコニコ協力できていたね」とか「お互いに上手に助け合えていたよ」といった声かけを工夫することが重要でしょう。

学級経営の方向性によって寛容なクラスの雰囲気ができあがれば、「どうせオレなんかできない」と最初からあきらめてしまう子や、「皆みたいに上手にできない、早くできない」と気持ちが混乱してしまう子も集団活動に参加しやすくなるのです。

子どもをクラスから「浮かせない」配慮

なんらかの支援を必要とする児童・生徒が、他児と協力して活動に参加できるようになるかどうかを左右するのは何でしょう? それは、その子がクラスメイトの中にどのくらい自然に溶け込めているか、その度合いだといえるでしょう。

教師が学級の活動の中で、「お互い協力するように、仲良くするように」と指導したとします。おそらく特定の時間は受け入れているようであっても、子どもたちの世界はシビアなので、教師の目の届かない、子ども同士の活動場面では自然とはじいてしまう動きになってしまう可能性があります。

学級づくりで大切なポイントは特定児童をクラスから浮かせないことです。前述したように個別の取り組みや特別な人的配置（介助員、支援員など）も、クラスの雰囲気に合わせてできる限りさりげなく実施していかないと、その支援自体が「配慮を要する子」をクラスから孤立させてしまうことになりかねないのです。そのような「子どもにとってマイナスの支援」を続けていると、「この子は私たちと違う」という思いがクラスに生まれ、とくに感覚が鋭い子は「どうも自分は特別視されている」と感じてしまいます。そうなると、お互いに協力することは大変難しくなるでしょう。

「当たり前」な行動に感謝を

とくに、個性豊かな子が多くいるクラスでは、先生を困らせることもしないし、勉強や運動がずば抜けてできるわけでもない、そんな目立たない子たちの影が薄れてしまうことがあります。しかし、大切なことは、そんな「けなげにまじめに静かに」してくれている子どもたちにも気を配ることではないでしょうか？

担任が安心して特定の子にかかわれるのも、実はこういう子どもたちがクラスを支えてくれているからこそなのです。日々の指導に追われ、ついかまってあげられない子どもたちを認め、その存在に感謝することが、やわらかく、あたたかいクラスづくりにはとても重要なことなのだと思います。

もちろん、発達障害のある子や、問題行動を真似する子どもたちが、一生懸命活動に取り組んでいる場面を決して見逃してはなりません。私たちはつい「ちゃんとやれて当たり前」なので、そういう良い場面には子どもとかかわらずに済ませてしまい、「うまく参加できないとき」「問題行動を取ってしまっているとき」にだけ着目してしまいがちです。配慮を要する子がまじめに学習に参加しているときを決しておろそかにせず、ほめ、認め、感謝することによって、その子たちの適切な行動を増やしていくことができるのです。

認め合い、支えあうクラスを

「わざと刺激する子」のように「あいつはずるい」「なんであいつだけ」と考えてしまう子どもの行動は、実は「私も大切にされたい」「オレだって認めてほしい」という気持ちの裏返しのことが多いのです。

そこで、クラスの環境を整えるために、そんな子どもたち一人ひとりの「いいところ」をクラスで認めてあげる場面を積極的につくる必要があります。

たとえば、体育の時間に側転や倒立でみんなのお手本になってもらうとか、音楽の時間にピアノの演奏を披露してもらうとか、そういう方法で認める場をつくってしていきます。また、図工の得意な子であれば、夏休みの作品を校長室に飾ってもらうなどのさりげないサポートも有効です。

また、休み時間や放課後、先生が子どもたちと遊ぶなどの交流する時間を持って、一緒に汗を流すこともたいへん効果的です。「指導する⇕指導される」という枠を少し緩めた関係をつくることで、子どもと気持ちを通わせることができるからです。

その子のまわりにいる子どもたちの気持ちを安定させ、すべての子どもが落ち着いて授業に取り組める環境を醸成し、学級全体を成長させてあげると、自然に子どもたちが支え合う雰囲気ができあがっていきます。

そして、学級がまとまっていくにしたがって、発達障害のある子も共に成長していくようになるのです。子ども同士が高め合う力は、ときに、大人の予想を超えるような素晴らしい効果を生むのです。

学級のルールが明確で、自分の課題へ取り組むスキルを知り、落ち着いた雰囲気で授業が進むとき、クラスの子どもたちは持っている本来の力を発揮することができます。また教師と子どもたちが信頼しあい、お互いの失敗を許しあう雰囲気ができれば、すべての子どもにとっておだやかな学校生活が保障されるでしょう。このように子どもたちが過ごしやすい学級は、実は教師にとっても気持ちのいい、心地よい学級となるに違いありません。

特別支援教育で重要なことは、すべての子どもにとって、安心して学べる居心地のよい環境、そして、それぞれの子どもの「よさ」が十分発揮できる環境を通常の学級の中につくり出すことです。ということは、特別支援教育は発達障害のある子だけの支援ではなく、現代の子どもたちを支え、育み、高めていくために必要な「共通の支援」なのだといえるでしょう。

ですから「特別支援教育は特別なことである」という発想から、まず私たちが抜け出すことが必要なのです。

特別支援教育の理想と現実

特別支援教育に対する大きな期待があるとともに、現実にそれを実施することは大変困難であることもお感じいただけたと思います。

①子どもを取り巻く地域を含め、さまざまな立場からの理解や協力
②さらなる人的支援あるいは経済的支援
③個別の支援と集団での支援のバランスのよい実施

という条件がそろって初めて、特別支援教育は軌道に乗るのです。ですから、もし支援がうまくいっていないとしても、子どもの問題にしたり、保護者の理解のせいにしたり、担任の専門性を責めたりしないでください。

誰かのせいにすることでは、お互いの支え合いはできません。特別支援教育のベースは、人と人が認め合い、許しあい、支えあうことなのですから。

終章　大人たちにお願いしたいこと

自分たちの行動をふりかえる

ここまで読み進めてくださったあなたに最後の質問です。

Q. あなたがとても疲れていたり、体の調子が悪かったり、イライラしていたとしても、まわりの人々に対して、①から⑤のことができますか?

①人の失敗をいつもあたたかく見守ることができる
②数回指示しても指示通りに行動できない相手に対して、冷静に声かけできる
③前から楽しみにしていたことでも、その人が困っていたら途中であきらめることができる
④気持ちが動揺して混乱している相手に、いつもおだやかに接することができる
⑤お年寄りには必ず席をゆずるし、急いでいる人には順番を代わってあげるし、困った人がいたら必ず声をかける

これらは、なかなか簡単に実行できることではありません。

なぜこのような問いかけをしたのだろう？　とお思いでしょうが、実は特別支援教育に求められていることというのは、このくらい大変なことなのです。先生だけでなく、クラスの子どもたち皆についても、いつでもこの5つの行動を自然に行えることを前提にしているのです。

特別支援教育では、①のように、集団場面で子どもたち全員が、お互いの失敗を笑わず、からかわず、あたたかく包みこめる、そういう環境が土台となる必要があります。

また、先生に対しては②のように、指示が通らない子どもにいつでもおだやかな態度でいるよう求められます。「先生はプロなんだから、できて当たり前でしょ」とおっしゃる方もいるかもしれません。でも、そんなあなたも「あなたも親なんだから、子どもにはいつでもおだやかに接して当たり前」「夫だから、男として人として、奥さんにどんなときも優しく」「上司なんだから、仕事のプロとして部下に常に冷静に対応せねば」などと言われたとしたら、いかがですか？

③、④、⑤も人として望ましい、あるべき正しい振る舞いです。先生も、子どもたちも、親も、地域の人々も皆、この5つの行動がいつでも可能な善意の人であることが、特別支援教育のベースとなります。

さて、これらの問いを心に留めていただきながら、これからの特別支援教育のあり方について一緒に考えていきましょう。

はっきりさせたいのは、なぜ?

私は、発達障害への理解が少しでも進んでいくことを願うと同時に、むやみに「発達障害」とか「特別支援教育」を主張することにはとまどいを感じている一人でもあります。

私が怖いのは、「発達障害か否か」ということにばかりアンテナの高い人が増えてしまうことです。もちろん、わが子のことであれば、それもわかります。しかし、評論家的に「ああ、あの子LDかもね」「あのお母さんどうして自分の子が発達障害だって気づかないのかしら」と「わかった気」になる人や「プチ専門家」が増えることは、とても怖いことだと思います。

特別支援教育を勉強してくださっている通常の学級の先生方とお話していると、「今ふりかえってみればあの子、発達障害だったと思うんだよね」「あのとき知っていればね」と言ってくれることがあります。しかし、知らなかったからこそ、その子の可能性を信じて、一生懸命指導してくださったのかもしれないな、と感じてしまうこともあります。というのも、子どもが発達障害だとわかると「病気だから私には指導できない」と決めつけて、その子へ深くかかわることを避ける先生も実際には出てくるからです。

学校側が「発達障害かどうかはっきりさせたい」という場合には、このように「障害だから指導しなくていい」というお墨つきをもらえると期待している場合もあるのです。

さらに言うと、発達障害だと診断されると、その子に専属の支援員をつけることができる場合があります。かといって、支援員をつけてサポートするなんて素晴らしい地域・学校だ、とも残念ながら言い切れないのです。支援員を配置することで、担任はその子を支援員に預けっぱなしにして、いうなれば楽をすることができます。「支援員にお任せ」状態で、1日に1回もその子に声をかけない、ネグレクト（必要な世話や配慮をおこたる。育児放棄）のような状態になってしまうケースもあります。

支援員がいなくても、発達障害のある子をクラスの仲間としてあたたかく受け入れ、担任が責任を持っててていねいにかかわっている学校もあるというのに、そういうシステムを導入している学校の方が、たとえ実情は支援員だけにお任せであっても、外部からは「すすんだ学校」と評価される可能性だってあるのです。

ですから、支援員の制度が進んでいるからといって、それが本当の意味で子どものための特別支援教育になっているかは、現場に踏み込んでみないとわかりません。

学校が「発達障害に対してアンテナを高くすること」が一見、理解の深まりにつながるように見えても、実際は分け隔てるだけであったり、学校側だけに都合のいい情報として利用されたり、「あの子は障害」と白黒はっきりして先生がスッキリするだけだったり、という恐れがあるのです。

そもそも、あいまいなことやはっきりしないことを前にすると、人は「はっきりさせたい」と思ってしまいます。あいまいな状態というのは、スッキリしないものです。

しかしながら、発達障害について言うと「はっきりさせること」＝子どもへのよりよい支援、とは決して言えないのです。

ＬＤやＡＤＨＤ、高機能自閉症のある子どもたちは、「発達障害」と診断されたからといって楽になるわけではありません。むしろその診断は、その家族を新たな荒波に送り出すことになるからです。なぜなら、診断があっても決定的なサポート方法はない、適切な理解者もそう多くはない、支援の制度もまだまだ充実していない、のが厳しい現実だからです。

さて、それまでクラスの子どもたちと一緒に自然に過ごしてきた子に対して、「支援」と称して個別指導を始めたり、支援員をつけたり、特別な教材を用意し、それが、うまく機能するためには、クラスメイトがどう受け止め、理解し、反応するか、を見通して実施する必要があります。これまでお伝えしてきたように、自然に溶け込んで過ごしていた子を突然まわりから浮かせ、周囲に「この子は自分たちと違う」と「はっきり」意識させてしまうかもしれないからです。

そしてその子には通常の学級がいいのか、特別支援学級がいいのか、これまた「はっきりさせる」ことは大変難しい問題なのです。というのも、たとえばある子どもがクラスに適応できるかどうかは、その子のIQだけで決まるわけでも、ソーシャルスキルの能力で決まるわけでもありません。所属するクラスが、その子のよさを認めたり、苦手なことを「大目にみたり」、いろいろあってもみんなで歩み寄ってやっていこうとする、そんなクラスかどうかで決まるのです。

もし通常の学級のすべてのクラスの子どもたちが皆、日頃から愛され、満たされてあたたかい心を持ち、他者に寛容で、失敗も許し、困っている子にはさりげなく手伝ってくれる、という「人として当たり前の行い」が自然にできたならば、発達障害のある子もその中でいきいきと成長してくれることでしょう。

そうなるためには、クラスの子どもたち全員を、冒頭の質問に「はい」と答えられるほどに育まなくてはなりません。それには、もちろん全家庭の協力も必要です。

しかしながら、通常の学級には、朝ご飯を食べさせてもらっていない子、受験のプレッシャーでいつもイライラしている子、不良である兄の仲間たちのたまり場となっている家で過ごしている子、病気のお母さんの代わりに赤ちゃんの世話をしている子、不登校になりかけている子などなど、困っているクラスの仲間に優しくするゆとりなんてない子たちがたくさん存在しているのが現状なのです。

クラスメイトの心は皆健康に成長しており、その中で一緒に過ごさせさえすれば発達障害のある子も豊かに伸びるはず、という幻想を持っていると、その子に過酷な道を歩ませる結果になるかもしれません。なぜなら、悲しいことですが、自分と違う子、自分より弱い子を苦しめることに喜びを見出せるタイプの子どもたちもまた増えつつあるからです。

「当たり前のこと」が一番難しい

本書で述べてきたサポート内容は、専門家に言わせると「単に当たり前のこと」のようです。でも、その「当たり前」は、本当に当たり前のように実行できることなのでしょうか？

親というものは子どもをいつくしみ、常に心配りをし、受け止めるものだ、それが「親なら当たり前」だと言う人がいます。また30人以上いる子どもたち一人ひとりを大切にし、それぞれの子どもの特徴やペースに合わせて学習指導や生活指導をおだやかに計画的に行うのが「当たり前の教師」であると言う人がいます。そのような主張をされる方は、先ほどの5つの質問に対して自信を持って「はい」と答えられることでしょう。

でも少なくとも私には、5つのことをいつもコンスタントに実行する自信はありません。もしあなたも、私と同じだ、「無理だよ」「人間だもの」と同意してくださるなら、どうか、私の述べてきた支援内容を「当たり前」と言い放たないでください。それがどれほど大変なことかを理解していただきたいのです。

どんなときも、大人がモデル

では、発達障害のある子に当たり前のサポートができる社会の実現は無理なのでしょうか？　いいえ、決してそうではありません。

発達障害のある子の応援団になっていただくために、特別支援教育がこれから全国で根付いていくために、いつかこの「特別な支援」が「特別でない当たり前の支援」となる社会にするために、大人である皆さんにお願いしたいことがあります。

それは、皆さん一人ひとりが、まず身近な子どもたちのよいモデルになっていただきたいということです。発達障害のある子もない子も、どの子もまわりの大人を真似し、モデルとして成長していきます。彼らの傍らの大人がよい生き方を示してあげること、それが本来の教育の姿ではないでしょうか。

誰かのせいにしない生き方を示す

発達障害のあるなしにかかわらず、学習につまずきがある子、不器用な子、人とかかわることが不得意な子に出会ったとき、その子の親の育て方のせいにして責める、あるいは本人の努力不足やわがままのせいにして根性を叩き直そうとする前に、「ちょっと待てよ」と思い直していただきたいのです。また、特別支援教育が制度上当たり前になっているのに先生は何をやっているんだ、と先生を責めるだけの発想から少し離れてみてほしいとも思います。

誰かのせいにしている間は、「学校で困っている子」「困っていることを表現できない子」を応援していくことはできません。

私たちは、うまくいかないことを人のせいにするモデルには決してならないようにしなくてはなりません。「あの人が悪いんだ」「政治のせいだ」などと大人が言っていると、子どもも「先生のせいだ」「あの子にやられた」と他罰的になってしまいます。

「どうせ無理だ」「世の中なんて」と大人が連呼していれば、世の中を恨む子になります。

大人が他者に攻撃的であれば、子どもが他の子に優しくなるチャンスは失われてしまうのです。

約束を守る生き方を示す

子どもたちの歩みを左右するのは、子どもたちが人生の中で「この大人は信頼できる」と思える人と出会えるかどうかです。大人とのいい出会いが、その子を成長させます。

「大人は私たちとの約束を守ってくれる」という体験の積み重ねによって、大人に対する信頼感というのは生まれます。

とくに「オリジナル発達」の子の中には「自分との約束」を先生や自分の保護者が覚え

ていてくれるか、ということにとても敏感な子がいます。どうか「自分は約束を破るくせに！」とおっしゃらないでください。彼らの多くは、約束を破りたくて破っているわけではないのです。むしろ「君は私との約束を忘れちゃったかもしれないけど、私は覚えているよ。君のことが大事だからね」と言ってあげられる先生や大人は、子どもから信頼されるに違いないのです。

子どもに謝る勇気を示す

さらに子どもたちとの信頼関係づくりにとって重要なことは、子どもの気持ちを裏切らないことです。では、子どもたちが「大人に裏切られた気持ち」がするのはどんな場面があるでしょうか？　大人にとっては大したことではなくても子どもたちにはとても重要なことがあります。たとえば、子どもたちが楽しみにしていた時間をつぶしたり、奪ってしまったりしたときです。

家庭だったら、テストの点数が上がったから遊びに連れて行ってもらえることになっていた日曜日、急にお父さんに用事ができて約束が反故にされてしまったとき。学校生活では、「後でうめあわせするからね」と先生は言ったのに、結局他学年との関係でつぶした体育のドッジボールが振り替えられなかったときなど。

では子どもはとても楽しみにしていたことが大人の都合でダメになってしまったときには、大人はどうふるまえばよいのでしょうか?

「用事だから仕方ないだろう。がまんしなさい」「授業の関係だからどうしようもないんだ」などと言わないで、できれば子どもたちに潔く謝る勇気を見せてほしいと思います。お父さんが、謝る勇気を持つことのモデルになれば、子どもは謝ることの大切さと、相手を許すことを覚えるでしょう。先生が子どもたちと日頃心を通わせていて学級が育っていれば、先生の味方になって「みんな、先生許してやろうぜ」とか「誰にでも間違いはあるよ、先生」と言ってくれる子どもが必ず現れるでしょう。そういう子どもたちは、発達障害のある子を受け入れ、失敗も許してくれる心を持てるはずです。

相手への寛容さを示す

失敗を許さない、完璧を求める雰囲気の家庭やクラスでは、失敗恐怖や不安の高い子が育ちます。反対に、完璧を求めず子どもの失敗に寛容である家庭やクラスにいる子は、他者に寛容になることができます。子どもたちのお手本になっているのは、保護者であり、先生方なのです。

チクッと言葉が飛び交うクラスでは、友だちの失敗やできないことを許さず相手を傷つける子どもたちが増えますが、ふわっと言葉が飛び交っているクラスでは、あたたかなクラスメイトの中で、発達障害の子どもたちも、その本来の輝きを取り戻してくれるのです。

感謝の気持ちを示す　～「ありがとう」からはじまる特別支援

特別支援教育でとても大切だと私が思っていることがあります。それは、いつもお互いが周囲に感謝の気持ちを持ち続けることです。

たとえば、担任の先生が自分の子への対応を少し工夫してくれたとき、保護者として「担任だから当たり前」ではなく、「ありがとうございます」と言ってほしいのです。もしあなたが先生なら、発達障害のあるわが子の学習支援のために毎日足を運んでくれるお母さんに対しては「親なんだから当たり前」ではなく、「いつもありがとうございます」と言っていただきたいのです。

そして子どもががんばってくれているとき、「自分のことなんだから当たり前」ではなく、「君が一生懸命でうれしいよ、ありがとう」と心を伝えていただきたいのです。相手への感謝こそが、人と人とが支えあう、支援の基本であることを忘れてはならないと思います。

大人たちが、「やって当たり前」と、相手に努力ばかりを要求するのではなく、「ありがとう」と言いあえる世の中になれば、特別支援教育の輪はもっとまわっていくと思うのです。


自分の発言や行動が間違っていると悟ったときに謝る勇気を示し、また他者の失敗に寛容であること、また困ったときには遠慮なく援助を求め、求められた側は援助に応えること、そして、助けられたことに感謝し、また自分に助けを求めてくれた人に感謝できること、大人がそんなよき生き様を見せることが、子どもたちの生き方のスキルを自然に育む土壌になります。そのような土壌の上でこそ、特別支援教育は特別でなくなり、当たり前のことになるに違いありません。

他者への批判や攻撃で社会を変えようとしても、そこには光はありません。私たち大人一人ひとりが、より誠実な生き方を目指す先に、発達障害のあるなしにかかわらず、すべてのオリジナルな子どもたちが豊かに育つ、特別支援教育のゴールがあるのです。

あとがき

「本の印象よりずいぶんお若いんですねえ」と、講演に行く先々で担当の方にそう言われてしまいます。まさに北海道から沖縄まで、全国各地で話をさせていただいていますが、講演会までは文書や電話のみのやり取りが多く、駅や空港で担当の方と待ち合わせると、こちらから声をかけなければ素通りされてしまうこともしばしばです。そんな、まだまだ年輪が足りない私ですが、それでも、発達障害のある方々と出会ってかれこれ20年が経ちます。その間に、乳幼児期のお子さんから40代、50代の当事者の方まで、多くの方々との出会いがありました。そこから学ばせていただいたことは、「一人ひとり皆違うのだ」ということです。当たり前のことでも、私はあえて言いたいのです。同じ診断名でも一人ひとりは違う、それゆえに、どの子にも万能なマニュアルなど存在しません。目の前にいるその子をよく見つめて感じ、サポートする人がその子に合ったやり方を試行錯誤していくしかないのです。

そもそも、私の文章は「当たり前のことしか書いてない」「専門性がない」とよく言われます。それで見栄をはって、「次は難しい原稿を書いてやるぞ」と宣言するのですが、依頼してくださる出版社の方々はどなたも、「はじめての方にもわかりやすい内容で」とおっしゃるのです。そんな展開が続いて、専門用語を極力使わない、なるべく簡単な表現を用いるというスタイルが私の持ち味として定着してしまいました。

そうするうちに、新しく発達障害と出会う人たちに、子どもたちの豊かさやユニークさ、たくさんの可能性、そして困難さをわかりやすく伝えていくこと、それが私にできることなのかもしれないな、と思うようになりました。私をここまで支えてくれた子どもたち、保護者の皆様、先生や専門家の方々のお役に少しでも立てるようにと願いつつ、難しいことをやさしい言葉にして少しでも多くの人に届ける、ということをこれからも追求するしかありません。より専門的なことは、もっと素晴らしい研究者やお医者さんに任せることにします。

ただ、読者の皆さんにお願いです。たくさんの本を読んだだけでは「わかった」ことにはならないことをどうか心に留めておいてください。発達障害のある子どもたちのつらさや生きにくさを真に理解できるのは、ご本人たち、そして人生を共にしている保護者の方たちなのです。発達障害のある子どもたちは、「当たり前」のことが大切にされていない厳しい現実の中で生きているということをまず知ってください。そして、「障害だから」とか「特別に」と言う前に、私たちにできる「当たり前の支援」を、もしよかったら一緒に、少しずつ、ていねいに実行していきませんか?

これからも私は、すてきで魅力あふれる子どもたちや、その子たちを支えて共に涙し、共に笑い、共に社会にチャレンジしていく保護者の方たちを師として、その世界を味わわせていただきたいと思っています。そうして彼らとの出会いをエネルギーに、私なりにできる何かささやかな一歩を重ねていきたいと思います。

これまで応援してきてくださった皆さま、そして全国の「親の会」の皆さま、ありがとうございます。つらいときにいつも支えてくださる五里江陽子様、この道で迷ったときに力をお貸しくださった北村博様、そして私の応援団＝三森睦子様に心より感謝申し上げます。マイペースの私を気長に支えてくださった学研教育出版の長谷川晋様、本当にありがとうございました。

どうか、この本が子どもたちのよりよい明日につながりますように。

阿部利彦（あべ　としひこ）
1968年生まれ。埼玉県所沢市健やか輝き支援室で教育相談を担当するかたわら、発達障害のある子どもの魅力やサポート法についての講演・教員研修で全国各地を飛び回り、その取り組みはメディアでもたびたび紹介される。著書『発達障がいを持つ子のいいところ応援計画』は韓国でも出版。他著書多数。星槎大学非常勤講師。

学研新書073

発達が気になる子のサポート入門
―発達障害はオリジナル発達

2010年３月29日　第１刷発行

著　者――――――阿部利彦
発行人――――――金谷敏博
発行所――――――株式会社　学研教育出版
〒141-8510　東京都品川区西五反田2-11-8
発売元――――――株式会社　学研マーケティング
〒141-8510　東京都品川区西五反田2-11-8
装丁者――――――齋藤視倭子
印刷・製本所―――中央精版印刷株式会社

この本に関する問い合わせ先
【電話の場合】
●編集内容については、Tel03-6431-1576（編集部直通）
●在庫、不良品（乱丁、落丁）については、Tel03-6431-1201（販売部直通）
●学研商品に関するお問い合わせは下記まで。
【文書の場合】
〒141-8510　東京都品川区西五反田2-11-8
学研お客様センター『発達が気になる子のサポート入門』係
【電話の場合】
Tel03-6431-1002（学研お客様センター）